卞尺丹几乙し丹卞と

Translated Language Learning

The Fisherman and his Soul

Rybak i jego dusza

Oscar Wilde

English / Polsku

Copyright © 2023 Tranzlaty
All rights reserved.
Published by Tranzlaty
ISBN: 978-1-83566-048-5
Original text by Oscar Wilde
The Fisherman and his Soul
First published in English in 1891
www.tranzlaty.com

The Mermaid
Syrena

Every evening the young Fisherman went out to sea
Każdego wieczoru młody Rybak wychodził w morze
and the young Fisherman threw his nets into the water
a młody Rybak zarzucił sieci do wody
When the wind blew from the land he caught nothing
Gdy wiatr wiał od lądu, nic nie złowił
or he caught just a few fish at best
Albo w najlepszym razie złowił tylko kilka ryb
because it was a bitter and black-winged wind
bo to był wiatr przenikliwy i czarnoskrzydły
rough waves rose up to meet the wind from the land
Wzburzone fale wznosiły się, by spotkać się z wiatrem od lądu
But at other times the wind blew to the shore
Ale kiedy indziej wiatr wiał na brzeg
and then the fishes came in from the deep
A potem ryby przypłynęły z głębin
the fishes swam into the meshes of his nets
Ryby pływały w oczkach jego sieci
and he took the fish to the market-place
i zaniósł rybę na targ
and he sold all the fishes that he had caught
i sprzedał wszystkie ryby, które złowił

but there was one special evening
Ale był jeden wyjątkowy wieczór
the Fisherman's net was heavier than normal
Sieć rybaka była cięższa niż zwykle
he could hardly pull his net onto the boat
Ledwo mógł wciągnąć sieć na łódź
The Fisherman laughed to himself
Rybak roześmiał się sam do siebie
"Surely, I have caught all the fish that swim"

"Z pewnością złowiłem wszystkie ryby, które pływają"
"or I have snared some horrible monster"
"Albo usidliłem jakiegoś straszliwego"
"a monster that will be a marvel to men"
"Potwór, który będzie cudem dla ludzi"
"or it will be a thing of horror"
"Albo będzie to coś przerażającego"
"a beast that the great Queen will desire"
"bestia, której zapragnie wielka królowa"
With all his strength he tugged at the coarse ropes
Z całej siły szarpał za grube liny
he pulled until the long veins rose up on his arms
Ciągnął, aż długie żyły uniosły się na jego ramionach
like lines of blue enamel round a vase of bronze
jak linie niebieskiej emalii wokół wazonu z brązu
He tugged at the thin ropes of his nets
Szarpnął za cienkie sznury sieci
and at last the net rose to the top of the water
i w końcu sieć wzniosła się na powierzchnię wody
But there were no fish in his net
Ale w jego sieci nie było ryb
nor was there a monster or thing of horror
Nie było też ani czegoś przerażającego
there was only a little Mermaid
była tylko mała Syrenka
she was lying fast asleep in his net
Leżała mocno śpiąca w jego sieci
Her hair was like a wet foil of gold
Jej włosy były jak mokra złota folia
like golden flakes in a glass of water
jak złote płatki w szklance wody
Her little body was as white ivory
Jej małe ciałko było jak biała kość słoniowa
and her tail was made of silver and pearl
a jej ogon był zrobiony ze srebra i perły
and the green weeds of the sea coiled round her tail

a zielone chwasty morskie owinęły się wokół jej ogona
and like sea-shells were her ears
i jak muszle morskie były jej uszy
and her lips were like sea-coral
a jej wargi były jak koral morski
The cold waves dashed over her cold breasts
Zimne fale rozbijały się o jej zimne piersi
and the salt glistened upon her eyelids
a sól lśniła na jej powiekach
She was so beautiful that the he was filled with wonder
Była tak piękna, że był pełen podziwu
he pulled the net closer to the boat
Przyciągnął sieć bliżej łodzi
leaning over the side, he clasped her in his arms
Wychylił się za burtę i objął ją ramionami
She woke, and looked at him in terror
Obudziła się i spojrzała na niego z przerażeniem
When he touched her she gave a cry
Kiedy jej dotknął, wydała z siebie krzyk
she cried out like a startled sea-gull
— krzyknęła jak spłoszona mewa
she looked at him with her mauve-amethyst eyes
Spojrzała na niego swoimi fioletowo-ametystowymi oczami
and she struggled so that she might escape
i walczyła, aby uciec
But he held her tightly to him
Ale on przytulił ją mocno do siebie
and he did not allow her to depart
i nie pozwolił jej odejść
She wept when she saw she couldn't escape
Rozpłakała się, gdy zobaczyła, że nie może uciec
"I pray thee, let me go"
"Proszę cię, pozwól mi odejść"
"I am the only daughter of a King"
"Jestem jedyną córką króla"
"please, my father is aged and alone"

"Proszę, mój ojciec jest stary i samotny"
But the young Fisherman would not let her go
Ale młody Rybak nie pozwolił jej odejść
"I will not let thee go unless you make me a promise"
"Nie pozwolę ci odejść, dopóki mi nie złożysz obietnicy"
"whenever I call thee thou wilt come and sing to me"
"Ilekroć cię zawołam, przyjdziesz i zaśpiewasz mi"
"because your song delights the fishes"
"Bo twoja pieśń zachwyca ryby"
"they come to listen to the song of the Sea-folk"
"Przychodzą posłuchać pieśni Ludu Morza"
"and then my nets shall be full"
"A wtedy moje sieci będą pełne"
the little mermaid saw that she had no choice
Mała Syrenka zrozumiała, że nie ma wyboru
"Would thou truly let me go if I promise this?"
"Czy naprawdę pozwoliłbyś mi odejść, gdybym to obiecał?"
"In very truth I will let thee go," he premised
"Prawdę mówiąc, pozwolę ci odejść" – powiedział
So she made him the promise he desired
Złożyła mu więc obietnicę, której pragnął
and she swore to do it by the oath of the Sea-folk
i przysięgła, że uczyni to na mocy przysięgi Ludu Morza
the young Fisherman loosened his arms from the mermaid
młody Rybak uwolnił ramiona od syreny
the little mermaid sank back down into the water
Mała Syrenka zanurzyła się z powrotem w wodzie
and she trembled with a strange kind of fear
i zadrżała z dziwnego strachu

Every evening the young Fisherman went out upon the sea
Każdego wieczoru młody Rybak wychodził na morze
and every evening he called out to the mermaid
i co wieczór wołał syrenę
the mermaid rose out of the water and sang to him
Syrena wynurzyła się z wody i zaśpiewała mu

Round and round her swam the dolphins
Wokół niej pływały delfiny
and the wild gulls flew above her head
a dzikie mewy latały nad jej głową
she sang a marvellous song of the Sea-folk
zaśpiewała cudowną pieśń Ludu Morza
mermen who drive their flocks from cave to cave
Syreny, które pędzą swoje stada od jaskini do jaskini
mermen who carry the little calves on their shoulders
Syreny, które noszą małe cielęta na ramionach
she sang of the Tritons who have long green beards
śpiewała o Trytonach, którzy mają długie zielone brody
and she sang of the Triton's hairy chests
i śpiewała o owłosionych piersiach Trytona
they blow through twisted conchs when the King passes
w powykręcane konchy, gdy przechodzi król
she sang of the palace of the King
śpiewała o pałacu króla
the palace which is made entirely of amber
Pałac wykonany w całości z bursztynu
the palace has a roof of clear emerald
Pałac ma dach z przezroczystego szmaragdu
and it has a pavement of bright pearl
i ma chodnik z jasnej perły
and she sang of the gardens of the sea
I śpiewała o ogrodach morskich
gardens where great fans of coral wave all day long
Ogrody, w których wielcy fani koralowców falują przez cały dzień
and fish dart about like silver birds
a ryby śmigają jak srebrne ptaki
and the anemones cling to the rocks
a ukwiały czepiają się skał
She sang of the big whales that come from the north
Śpiewała o wielkich wielorybach, które przylatują z północy
they have sharp icicles hanging from their fins

Mają ostre sople zwisające z płetw
she sang of the Sirens who tell of wonderful things
śpiewała o Syrenach, które opowiadają o cudownych rzeczach
so wonderful that merchants block their ears with wax
tak cudowne, że kupcy zatykają sobie uszy woskowiną
they block their ears so that they can not hear them
zatykają uszy, żeby ich nie słyszeli
because if they heard them they would leap into the water
bo gdyby je usłyszeli, wskoczyliby do wody
and they would be drowned in the sea
i utonęliby w morzu
she sang of the sunken galleys with their tall masts
Śpiewała o zatopionych galerach z wysokimi masztami
she sang of the frozen sailors clinging to the rigging
Śpiewała o zamarzniętych marynarzach uczepionych takielunku
she sang the mackerel swimming through shipwrecks
Śpiewała o makrelach płynących przez wraki statków
she sang of the little barnacles travelling the world
Śpiewała o małych pąklach podróżujących po świecie
the barnacles cling to the keels of the ships
pąkle przylegają do stępek statków
and the ships go round and round the world
a statki krążą dookoła świata
and she sang of the cuttlefish in the sides of the cliffs
i śpiewała o mątwach na zboczach klifów
and they stretch out their long black arms
i wyciągają swe długie, czarne ramiona
they can make night come when they will it
Mogą sprawić, że noc nadejdzie, kiedy zechcą
She sang of the nautilus, who has a boat of her own
Śpiewała o łodziku, który ma własną łódź
a boat that is carved out of an opal
Łódź wyrzeźbiona z opalu
and the boat is steered with a silken sail
a łódź sterowana jest jedwabnym żaglem

she sang of the happy Mermen who play upon harps
śpiewała o szczęśliwych syrenach, które grają na harfach
they can charm the great Kraken to sleep
potrafią oczarować wielkiego Krakena do snu
she sang of the little children riding the porpoises
Śpiewała o małych dzieciach jeżdżących na morświnach
the little children laugh as the ride the porpoises
Małe dzieci śmieją się, gdy jeżdżą morświny
she sang of the Mermaids who lie in the white foam
śpiewała o Syrenach, które leżą w białej pianie
and they hold out their arms to the mariners
i wyciągają ręce do marynarzy
she sang of the sea-lions with their curved tusks
Śpiewała o lwach morskich z ich zakrzywionymi kłami
and she sang of the sea-horses with their floating manes
i śpiewała o konikach morskich z ich rozwianymi grzywami
When she sang the fishes came from the sea
Kiedy śpiewała, ryby przypłynęły z morza
the fish came to listen to her
Ryba przyszła jej posłuchać
the young Fisherman threw his nets round them
Młody Rybak zarzucił na nich sieci
and he caught as many fish as he needed
i złowił tyle ryb, ile potrzebował

when his boat was full the Mermaid sunk back down
kiedy jego łódź była pełna, Syrenka zatonęła z powrotem
she went back down into the sea smiling at him
Wróciła do morza, uśmiechając się do niego
She never got close enough for him to touch her
Nigdy nie zbliżyła się na tyle, by mógł jej dotknąć
Often times he called to the little mermaid
Często wołał małą syrenkę
and he begged to her to come closer to him
i błagał ją, aby się do niego zbliżyła
but she dared not come closer to him

Nie śmiała jednak zbliżyć się do niego
when he tried to catch her she dived into the water
Kiedy próbował ją złapać, zanurkowała do wody
just like when a seal dives into the sea
tak jak foka nurkuje w morzu
and he wouldn't see her again that day
Tego dnia już jej nie zobaczył

each day her voice became sweeter to his ears
Z każdym dniem jej głos stawał się słodszy dla jego uszu
Her voice so sweet that he forgot his nets
Jej głos był tak słodki, że zapomniał sieci
and he forgot his cunning and his craft
i zapomniał o swoim sprycie i swoim kunszcie
The tuna went past him in large shoals
Tuńczyk przepłynął obok niego wielkimi ławicami
but he didn't pay any attention to them
Ale on nie zwracał na nie uwagi
His spear lay by his side, unused
Włócznia leżała u jego boku, nieużywana
and his baskets of plaited osier were empty
a jego kosze z plecionymi osierami były puste
With lips parted, he sat idle in his boat
Z rozchylonymi ustami siedział bezczynnie w swojej łodzi
he listened to the songs of the mermaid
Słuchał pieśni syreny
and his eyes were dim with wonder
a oczy jego zaćmiły się zdumieniem
he listened till the sea-mists crept round him
Nasłuchiwał, dopóki nie otoczyły go morskie mgły
the wandering moon stained his brown limbs with silver
Wędrujący księżyc sbarwił srebrem jego brązowe kończyny

One evening he called to the mermaid
Pewnego wieczoru zawołał syrenę
"Little Mermaid, I love thee," he professed

– Mała Syrenko, kocham cię – wyznał
"Take me for thy bridegroom, for I love thee"
"Weź mnie za swego oblubieńca, bo cię kocham"
But the mermaid shook her head
Ale syrena potrząsnęła głową
"Thou hast a human Soul," she answered
"Masz ludzką duszę" – odpowiedziała
"If only thou would send away thy Soul"
"Gdybyś tylko zechciał odesłać swoją duszę"
"if thy sent thy Soul away I could love thee"
"Gdybyś odesłał swoją duszę, mógłbym cię kochać"
And the young Fisherman said to himself
I rzekł do siebie młody Rybak
"of what use is my Soul to me?"
"Na cóż mi się przyda moja dusza?"
"I cannot see my Soul"
"Nie widzę mojej Duszy"
"I cannot touch my Soul"
"Nie mogę dotknąć mojej Duszy"
"I do not know my Soul"
"Nie znam mojej Duszy"
"I will send my Soul away from me"
"Odeślę moją Duszę od siebie"
"and much gladness shall be mine"
"I wiele radości należeć będzie do mnie"
And a cry of joy broke from his lips
I okrzyk radości wyrwał się z jego ust
he held out his arms to the Mermaid
wyciągnął ręce do Syrenki
"I will send my Soul away," he cried
"Odeślę moją duszę" – zawołał
"you shall be my bride, and I will be thy bridegroom"
"Ty będziesz moją oblubienicą, a ja będę twoim oblubieńcem"
"in the depth of the sea we will dwell together"
"W głębi morza zamieszkamy razem"
"all that thou hast sung of thou shalt show me"

- 9 -

"Wszystko, o czym śpiewałeś, pokażesz mi"
"and all that thou desirest I will do for you"
"A wszystko, czego pragniesz, uczynię dla ciebie"
"our lives will not be divided no longer"
"Nasze życie nie będzie już dłużej podzielone"
the little Mermaid laughed, full of delight
mała Syrenka roześmiała się pełna zachwytu
and she hid her face in her hands
i ukryła twarz w dłoniach
but the Fisherman didn't know how to send his Soul away
ale Rybak nie wiedział, jak odprawić swoją Duszę
"how shall I send my Soul from me?"
"Jakże mam odsunąć ode mnie moją duszę?"
"Tell me how I can do it"
"Powiedz mi, jak mogę to zrobić"
"tell me how and it shall be done"
"Powiedz mi, jak i jak ma się stać"
"Alas! I know not" said the little Mermaid
— Niestety! Nie wiem – powiedziała mała Syrenka
"the Sea-folk have no Souls"
"Lud Morza nie ma duszy"
And she sank down into the sea
I zatonęła w morzu
and she looked up at him wistfully
i spojrzała na niego tęsknie

The Priest
Ksiądz

Early on the next morning
Wczesnym rankiem następnego dnia
before the sun was above the hills
zanim słońce znalazło się nad wzgórzami
the young Fisherman went to the house of the Priest
młody Rybak udał się do domu Kapłana
he knocked three times at the Priest's door
zapukał trzy razy do drzwi Księdza
The Priest looked out through the door
Ksiądz wyjrzał przez drzwi
when he saw who it was he drew back the latch
Kiedy zobaczył, kto to jest, odsunął zasuwę
and he welcomed the young Fisherman into his house
i przyjął młodego Rybaka do swego domu
he knelt down on the sweet-smelling rushes of the floor
Ukląkł na słodko pachnących sitowiu podłogi
and he cried to the Priest, "Father"
i zawołał do kapłana: "Ojcze"
"I am in love with one of the Sea-folk"
"Jestem zakochany w jednym z Ludzi Morza"
"and my Soul hindereth me from having my desire"
"A Dusza moja przeszkadza mi w spełnieniu mego pragnienia"
"Tell me, how I can send my Soul away from me?"
"Powiedz mi, jak mogę odepchnąć moją duszę ode mnie?"
"I truly have no need of it"
"Naprawdę tego nie potrzebuję"
"of what use is my Soul to me?"
"Na cóż mi się przyda moja dusza?"
"I cannot see my Soul"
"Nie widzę mojej Duszy"
"I cannot touch my Soul"
"Nie mogę dotknąć mojej Duszy"

"I do not know my Soul"
"Nie znam mojej Duszy"
And the Priest beat his chest
A Ksiądz bił się w pierś
and he answered, "thou art mad"
A on odpowiedział: «Jesteś szalony»
"perhaps you have eaten poisonous herbs!"
"Być może jadłeś trujące zioła!"
"the Soul is the noblest part of man"
"Dusza jest najszlachetniejszą częścią człowieka"
"and the Soul was given to us by God"
"Dusza została nam dana przez Boga"
"so that we nobly use our Soul"
"abyśmy szlachetnie używali naszej Duszy"
"There is no thing more precious than a human Soul"
"Nie ma nic cenniejszego niż dusza ludzka"
"It is worth all the gold that is in the world"
"Jest wart całego złota, jakie jest na świecie"
"it is more precious than the rubies of the kings"
"Jest cenniejszy niż rubiny królów"
"Think not any more of this matter, my son"
"Nie myśl więcej o tej sprawie, mój synu"
"because it is a sin that may not be forgiven"
"Bo to jest grzech, który nie może być odpuszczony"
"And as for the Sea-folk, they are lost"
"A co się tyczy Ludu Morza, to są zagubieni"
"and those who live with them are also lost"
"A ci, którzy z nimi mieszkają, też są zagubieni"
"They are like the beasts of the field"
"Są jak zwierzęta polne"
"the beasts that don't know good from evil"
"Zwierzęta, które nie odróżniają dobra od zła"
"the Lord has not died for their sake"
"Pan nie umarł za nich"

he heard the bitter words of the Priest
usłyszał gorzkie słowa kapłana
the young Fisherman's eyes filled with tears
oczy młodego Rybaka wypełniły się łzami
he rose up from his knees and spoke, "Father"
podniósł się z kolan i przemówił: "Ojcze"
"the fauns live in the forest, and they are glad"
"Fauny mieszkają w lesie i są zadowolone"
"on the rocks sit the Mermen with their harps of gold"
"Na skałach siedzą Syreny ze swymi złotymi harfami"
"Let me be as they are, I beseech thee"
"Pozwól mi być takim, jakim oni są, błagam cię"
"their days are like the days of flowers"
"Ich dni są jak dni kwiatów"
"And, as for my Soul," the young Fisherman continued
— A co się tyczy mojej duszy — ciągnął młody Rybak
what doth my Soul profit me?"
Cóż mi da dusza moja?"
"how is it good if it stands between what I love?"
"Jak to dobrze, jeśli stoi pomiędzy tym, co kocham?"
"The love of the body is vile" cried the Priest
"Miłość ciała jest nikczemna" – zawołał kapłan
"and vile and evil are the pagan things"
"A podłość i zło są rzeczy pogańskie"
"Accursed be the fauns of the woodland"
"Przeklęte niech będą fauny leśne"
"and accursed be the singers of the sea!"
"I niech będą przeklęci śpiewacy morza!"
"I have heard them at night-time"
"Słyszałem je w nocy"
"they have tried to lure me from my bible"
"Próbowali mnie odciągnąć od mojej Biblii"
"They tap at the window, and laugh"
"Pukają w okno i śmieją się"
"They whisper into my ears at night"
"Szepczą mi do ucha w nocy"

"they tell me tales of their perilous joys"
"Opowiadają mi historie o swoich niebezpiecznych radościach"
"They try to tempt me with temptations"
"Próbują mnie kusić pokusami"
"and when I try to pray they mock me"
"A kiedy próbuję się modlić, drwią ze mnie"
"The mer-folk are lost, I tell thee"
"Syreny są zgubione, mówię ci"
"For them there is no heaven, nor hell"
"Dla nich nie ma nieba ani piekła"
"and they shall never praise God's name"
"i nigdy nie będą wysławiać imienia Bożego"
"Father," cried the young Fisherman
— Ojcze — zawołał młody Rybak
"thou knowest not what thou sayest"
"Nie wiesz, co mówisz"
"Once in my net I snared the daughter of a King"
"Raz w mojej sieci usidliłem córkę króla"
"She is fairer than the morning star"
"Jest piękniejsza niż gwiazda poranna"
"and she is whiter than the moon"
"I jest bielsza niż księżyc"
"For her body I would give my Soul"
"Za jej ciało oddałbym moją duszę"
"and for her love I would surrender heaven"
"i dla jej miłości oddałbym niebo"
"Tell me what I ask of thee"
"Powiedz mi, o co cię proszę"
"Father I implore thee, let me go in peace"
"Ojcze, błagam Cię, pozwól mi odejść w pokoju"
"Get away from me! Away!" cried the Priest
"Odejdź ode mnie! Precz!" – zawołał ksiądz
"thy lover is lost, and thou shalt be lost with her"
"Twoja kochanka jest stracona, a ty będziesz zgubiony razem z nią"

the Priest gave him no blessing
Kapłan nie udzielił mu błogosławieństwa
and he drove him from his door
I wypędził go spod drzwi

the young Fisherman went down into the market-place
Młody Rybak zszedł na rynek
he walked slowly with his head bowed
Szedł powoli z pochyloną głową
he walked like one who is in sorrow
Chodził jak pogrążony w smutku
the merchants saw the young Fisherman coming
Kupcy ujrzeli młodego Rybaka
and the merchants whispered to each other
i kupcy szeptali do siebie
one of the merchants came forth to meet him
Jeden z kupców wyszedł mu na spotkanie
and he called him by his name
i zawołał go po imieniu
"What hast thou to sell?" he asked him
"Co masz do sprzedania?" — zapytał go
"I will sell thee my Soul," he answered
"Sprzedam ci moją duszę" – odpowiedział
"I pray thee buy my Soul off me"
"Proszę cię, wykupisz ode mnie moją duszę"
"because I am weary of it"
"bo jestem tym zmęczony"
"of what use is my Soul to me?"
"Na cóż mi się przyda moja dusza?"
"I cannot see my Soul"
"Nie widzę mojej Duszy"
"I cannot touch my Soul"
"Nie mogę dotknąć mojej Duszy"
"I do not know my Soul"
"Nie znam mojej Duszy"
But the merchants only mocked him

Ale kupcy tylko z niego drwili
"Of what use is a man's Soul to us?"
"Na cóż nam się przyda dusza ludzka?"
"It is not worth a piece of silver"
"To nie jest warte srebrnika"
"Sell us thy body for slavery"
"Sprzedaj nam swoje ciało w niewolę"
"and we will clothe thee in sea-purple"
"A my cię przyobleczemy w purpurę"
"and we'll put a ring upon thy finger"
"A my włożymy pierścień na twój palec"
"and we'll make thee the minion of the great Queen"
"A my uczynimy cię sługą wielkiej Królowej"
"but don't talk of the Soul to us"
"Ale nie mów nam o Duszy"
"because for us a Soul is of no use"
"bo dla nas dusza jest bezużyteczna"
And the young Fisherman thought to himself
I pomyślał młody Rybak
"How strange a thing this is!"
"Cóż to za dziwna rzecz!"
"The Priest told me the value of the Soul"
"Ksiądz powiedział mi, jaką wartość ma dusza"
"the Soul is worth all the gold in the world"
"Dusza warta jest wszelkiego złota na świecie"
"but the merchants say a different thing"
"Ale kupcy mówią co innego"
"the Soul is not worth a piece of silver"
"Dusza nie jest warta ani jednej sztuki srebra"
And he went out of the market-place
I wyszedł z rynku
and he went down to the shore of the sea
i zszedł na brzeg morza
and he began to ponder on what he should do
I zaczął się zastanawiać, co powinien zrobić

The Witch
Czarownica

At noon he remembered one of his friends
W południe przypomniał sobie o jednym ze swoich przyjaciół
his friend was a gatherer of samphire
Jego przyjaciel był zbieraczem Samfiru
he had told him of a young Witch
opowiedział mu o młodej czarownicy
this young Witch dwelt in a nearby cave
ta młoda Wiedźma mieszkała w pobliskiej jaskini
and she was very cunning in her Witcheries
i była bardzo przebiegła w swoich czarach
the young Fisherman stood up and ran to the cave
Młody Rybak wstał i pobiegł do jaskini

By the itching of her palm she knew he was coming
Po swędzeniu dłoni poznała, że nadchodzi
and she laughed, and let down her red hair
Roześmiała się i rozpuściła rude włosy
She stood at the opening of the cave
Stała u wejścia do jaskini
her long red hair flowed around her
Jej długie, rude włosy spływały wokół niej
and in her hand she had a spray of wild hemlock
a w ręku trzymała rozprysk dzikiej cykuty
"What do you lack?" she asked, as he came
"Czego ci brakuje?" zapytała, gdy podszedł
he was panting when got to her
Dyszał, kiedy do niej dotarł
and he bent down before her
i pochylił się przed nią
"Do you want fish for when there is no wind?"
"Chcesz ryby, gdy nie ma wiatru?"
"I have a little reed-pipe"
"Mam małą trzcinową fajkę"

"when I blow it the mullet come into the bay"
"kiedy, barwena wchodzi do zatoki"
"But it has a price, pretty boy"
"Ale to ma swoją cenę, śliczny chłopcze"
"What do you lack?"
— Czego ci brakuje?

"Do you want a storm to wreck the ships?"
— Chcesz, żeby sztorm zniszczył statki?
"It will wash the chests of rich treasure ashore"
"Zmyje na brzeg skrzynie z bogatymi skarbami"
"I have more storms than the wind"
"Mam więcej burz niż wiatru"
"I serve one who is stronger than the wind"
"Służę temu, który jest silniejszy od wiatru"
"I can send the great galleys to the bottom of the sea"
"Mogę posłać wielkie galery na dno morza"
"with a sieve and a pail of water"
"Z sitem i wiadrem wody"
"But I have a price, pretty boy"
"Ale ja mam swoją cenę, śliczny chłopcze"
"What do you lack?"
— Czego ci brakuje?

"I know a flower that grows in the valley"
"Znam kwiat, który rośnie w dolinie"
"no one knows of this flower, but I"
"Nikt nie wie o tym kwiecie, tylko ja"
"this secret flower has purple leaves"
"Ten sekretny kwiat ma fioletowe liście"
"and in the heart of the flower is a star"
"A w sercu kwiatu jest gwiazda"
"and its juice is as white as milk"
"A jego sok jest biały jak mleko"
"touch the lips of the Queen with it"
"dotknij nim ust Królowej"

"and she will follow thee all over the world"
"I pójdzie za tobą po całym świecie"
"Out of the bed of the King she would rise"
"Z łoża króla wstaje"
"and over the whole world she would follow thee"
"I po całym świecie pójdzie za tobą"
"But it has a price, pretty boy"
"Ale to ma swoją cenę, śliczny chłopcze"
"What do you lack?"
— Czego ci brakuje?

"I can pound a toad in a mortar"
"Potrafię rozwalić ropuchę w moździerzu"
"and I can make broth of the toad"
"I mogę zrobić rosół z ropuchy"
"stir the broth with a dead man's hand"
"Zamieszaj rosół ręką zmarłego"
"Sprinkle it on thine enemy while he sleeps"
"Pokrap nim wroga swego, gdy śpi"
"and he will turn into a black viper"
"I zamieni się w czarną żmiję"
"and his own mother will slay him"
"I zabije go jego własna matka"
"With a wheel I can draw the Moon from heaven"
"Kołem mogę ściągnąć Księżyc z nieba"
"and in a crystal I can show thee Death"
"A w krysztale mogę ci pokazać Śmierć"
"What do you lack?"
— Czego ci brakuje?
"Tell me thy desire and I will give it to you"
"Powiedz mi, czego pragniesz, a dam ci je"
"and thou shalt pay me a price, pretty boy"
"I zapłacisz mi cenę, śliczny chłopcze"

"My desire is but for a little thing"
"Pragnę tylko drobiazgu"

"yet the Priest was angry with me"
"A jednak kapłan rozgniewał się na mnie"
"and he chased me away in anger"
"I przepędził mnie w gniewie"
"My wish is but for a little thing"
"Moim życzeniem jest tylko drobiazg"
"yet the merchants have mocked me"
"A jednak kupcy naśmiewali się ze mnie"
"and they denied me my wish"
"I odmówili mi mojego życzenia"
"Therefore have I come to thee"
"Dlatego przyszedłem do ciebie"
"I came although men call thee evil"
"Przyszedłem, chociaż ludzie nazywają cię złym"
"but whatever thy price is I shall pay it"
"Lecz bez względu na to, jaka jest twoja cena, ja ją zapłacę"
"What would'st thou?" asked the Witch
"Co ty chcesz?" zapytała Wiedźma
and she came near to the Fisherman
i zbliżyła się do Rybaka
"I wish to send my Soul away from me"
"Chcę odeprzeć moją Duszę z dala ode mnie"
The Witch grew pale, and shuddered
Wiedźma zbladła i zadrżała
and she hid her face in her blue mantle
i ukryła twarz w niebieskim płaszczu
"Pretty boy, that is a terrible thing to do"
"Ładny chłopcze, to okropna rzecz"
He tossed his brown curls and laughed
Potrząsnął brązowymi lokami i roześmiał się
"My Soul is nought to me" he answered
"Moja dusza jest dla mnie niczym" – odpowiedział
"I cannot see my Soul"
"Nie widzę mojej Duszy"
"I cannot touch my Soul"
"Nie mogę dotknąć mojej Duszy"

"I do not know my Soul"
"Nie znam mojej Duszy"
the young Witch saw an opportunity
młoda Wiedźma dostrzegła szansę
"What would thou give me if I tell thee?"
"Co byś mi dał, gdybym ci powiedział?"
and she looked down at him with her beautiful eyes
i spojrzała na niego swymi pięknymi oczami
"I will give thee five pieces of gold" he said
"Dam ci pięć sztuk złota" – powiedział
"and I will give thee my nets for fishing"
"A ja dam ci sieci moje na połów ryb"
"and I will give thee the house where I live"
"I dam ci dom, w którym mieszkam"
"and you can have my boat"
"A ty możesz mieć moją łódź"
"I will give thee all that I possess"
"Dam ci wszystko, co posiadam"
"Tell me how to get rid of my Soul"
"Powiedz mi, jak pozbyć się mojej Duszy"
She laughed mockingly at him
Roześmiała się z niego szyderczo
and she struck him with the spray of hemlock
i uderzyła go mgiełką cykuty
"I can turn the autumn leaves into gold"
"Mogę zamienić jesienne liście w złoto"
"and I can weave the pale moonbeams into silver"
"i mogę utkać blade promienie księżyca w srebro"
"He whom I serve is richer than all kings"
"Ten, któremu służę, jest bogatszy niż wszyscy królowie"
"thy price be neither gold nor silver," he confirmed
"Ceną twoją nie będzie ani złoto, ani srebro" – potwierdził
"What then shall I give thee if?"
"Cóż ci więc dam, jeśli?"
"The Witch stroked his hair with her thin white hand"
"Wiedźma pogładziła go po włosach swoją chudą, białą

dłonią"
"Thou must dance with me, pretty boy," she murmured
– Musisz ze mną zatańczyć, śliczny chłopcze – mruknęła
and she smiled at him as she spoke
Mówiąc to, uśmiechnęła się do niego
"Nothing but that?" cried the young Fisherman
"Nic prócz tego?" zawołał młody Rybak
and he wondered why she didn't ask for more
I zastanawiał się, dlaczego nie poprosiła o więcej
"Nothing but that" she answered
— Nic poza tym — odpowiedziała
and she smiled at him again
i znów się do niego uśmiechnęła
"Then at sunset we shall dance together"
"Potem o zachodzie słońca zatańczymy razem"
"And after we have danced thou shalt tell me"
"A jak zatańczymy, powiedz mi"
"The thing which I desire to know"
"Rzecz, którą pragnę poznać"
the young Witch shook her head
młoda Wiedźma potrząsnęła głową
"When the moon is full" she muttered
— Kiedy księżyc jest w pełni — mruknęła
Then she peered all round, and listened
Potem rozejrzała się dookoła i nasłuchiwała
A blue bird rose screaming from its nest
Niebieski ptak wstał z krzykiem ze swojego gniazda
and the blue bird circled over the dunes
A niebieski ptak krążył nad wydmami
and three spotted birds rustled in the grass
a trzy cętkowane ptaki zaszeleściły w trawie
and the birds whistled to each other
a ptaki gwizdały do siebie
There was no other sound except for the sound of a wave
Nie było słychać żadnego innego dźwięku poza szumem fali
the wave was crushing pebbles

Fala miażdżyła kamyki
So she reached out her hand
Wyciągnęła więc rękę
and she drew him near to her
i przyciągnęła go do siebie
and she put her dry lips close to his ear
i przyłożyła suche wargi do jego ucha
"Tonight thou must come to the top of the mountain"
"Dziś wieczorem musisz wejść na szczyt góry"
"It is a Sabbath, and He will be there"
"Jest szabat, a On tam będzie"
The young Fisherman was startled by what she said
Młody Rybak był zaskoczony tym, co powiedziała
she showed him her white teeth and laughed
Pokazała mu swoje białe zęby i roześmiała się
"Who is He of whom thou speakest?"
"Któż to jest Ten, o którym mówisz?"
"It matters not," she answered
— To nie ma znaczenia — odpowiedziała
"Go there tonight," she told him
– Idź tam dziś wieczorem – powiedziała
"wait for me under the branches of the hornbeam"
"Czekaj na mnie pod gałęziami grabu"
"If a black dog runs towards thee don't panic"
"Jeśli czarny pies biegnie w twoją stronę, nie panikuj"
"strike the dog with willow and it will go away"
"Uderz psa wierzbą, a odejdzie"
"If an owl speaks to thee don't answer it"
"Jeśli sowa mówi do ciebie, nie odpowiadaj na nią"
"When the moon is full I shall be with thee"
"Gdy księżyc będzie w pełni, będę z tobą"
"and we will dance together on the grass"
"I zatańczymy razem na trawie"
the young Fisherman agreed to do as she said
Młody Rybak zgodził się zrobić to, co powiedziała
"But do you swear to tell me how to send my Soul away?"

— Ale czy przysięgasz, że powiesz mi, jak odesłać moją duszę?
She moved out into the sunlight
Wyprowadziła się na słońce
and the wind rippled through her red hair
a wiatr rozwiewał jej rude włosy
"By the hoofs of the goat I swear it"
"Przysięgam na kopyta kozła"
"Thou art the best of the Witches" cried the young Fisherman
"Jesteś najlepszą z czarownic" zawołał młody Rybak
"and I will surely dance with thee tonight"
"I na pewno zatańczę z tobą tej nocy"
"I would have preferred it if you had asked for gold"
"Wolałbym, żebyś poprosił o złoto"
"But if this is thy price I shall pay it"
"Ale jeśli taka jest twoja cena, zapłacę ją"
"because it is but a little thing"
"Bo to tylko drobiazg"
He doffed his cap to her and bent his head low
Zdjął przed nią czapkę i pochylił nisko głowę
and he ran back to town with joy in his heart
i pobiegł z powrotem do miasta z radością w sercu
And the Witch watched him as he went
A Wiedźma obserwowała go, gdy odchodził
when he had passed from her sight she entered her cave
Gdy zniknął jej z oczu, weszła do swojej jaskini
she took out a mirror from a box
Wyjęła lusterko z pudełka
and she set up the mirror on a frame
i ustawiła lustro na ramie
She burned vervain on lighted charcoal before the mirror
Paliła werbenę na rozpalonym węglu przed lustrem
and she peered through the coils of the smoke
i wyjrzała przez kłęby dymu
after a time she clenched her hands in anger
Po chwili zacisnęła dłonie ze złości

"He should have been mine," she muttered
– Powinien być mój – mruknęła
"I am as beautiful as she is"
"Jestem tak piękna jak ona"

When the moon had risen he left his hut
Gdy księżyc wstał, wyszedł ze swojej chaty
the young Fisherman climbed up to the top of the mountain
młody Rybak wspiął się na szczyt góry
and he stood under the branches of the hornbeam
i stanął pod gałęziami grabu
The sea lay at his feet like a disc of polished metal
Morze leżało u jego stóp jak dysk z wypolerowanego metalu
the shadows of the fishing boats moved in the little bay
Cienie łodzi rybackich poruszały się w małej zatoczce
A great owl with yellow eyes called him
Zawołała go wielka sowa o żółtych oczach
it called him by his name
Wołał go po imieniu
but he made the owl no answer
Ale on nie dał sowie żadnej odpowiedzi
A black dog ran towards him and snarled
Czarny pies podbiegł do niego i warknął
but he did not panic when the dog came
Ale nie wpadł w panikę, gdy przyszedł pies
he struck the dog with a rod of willow
Uderzył psa prętem wierzbowym
and the dog went away, whining
A pies odszedł, skomląc

At midnight the Witches came flying through the air
O północy czarownice wzbiły się w powietrze
they were like bats flying in the air
Byli jak nietoperze latające w powietrzu
"Phew!" they cried, as they landed on the ground
"Uff!" – zawołali, gdy wylądowali na ziemi

"there is someone here that we don't know!"
"Jest tu ktoś, kogo nie znamy!"
and they sniffed around for the stranger
i węszyli w poszukiwaniu nieznajomego
they chattered to each other and made signs
Rozmawiali ze sobą i dawali znaki
Last of all came the young Witch
Na koniec pojawiła się młoda Wiedźma
her red hair was streaming in the wind
Jej rude włosy powiewały na wietrze
She wore a dress of gold tissue
Miała na sobie suknię ze złotej bibuły
and her dress was embroidered with peacocks' eyes
a jej suknia była wyhaftowana pawimi oczami
a little cap of green velvet was on her head
Na głowie miała małą czapeczkę z zielonego aksamitu
"Who is he?" shrieked the Witches when they saw her
"Kim on jest?" wrzasnęły Wiedźmy, gdy ją zobaczyły
but she only laughed, and ran to the hornbeam
Ale ona tylko się roześmiała i pobiegła do grabu
and she took the Fisherman by the hand
i wzięła Rybaka za rękę
she led him out into the moonlight
Wyprowadziła go na światło księżyca
and in the moonlight they began to dance
i w świetle księżyca zaczęli tańczyć
Round and round they whirled in their dance
Kręcili się w kółko w swoim tańcu
she jumped higher and higher into the air
Skakała coraz wyżej i wyżej w powietrze
he could see the scarlet heels of her shoes
Widział szkarłatne obcasy jej butów
Then came the sound of the galloping of a horse
Potem rozległ się odgłos galopującego konia
but there was no horse to be seen
ale konia nie było widać

and he felt afraid, but he did not know why
I bał się, ale nie wiedział dlaczego
"Faster," cried the Witch to him
— Szybciej — zawołała do niego Wiedźma
and she threw her arms around his neck
i zarzuciła mu ręce na szyję
and her breath was hot upon his face
a jej oddech był gorący na jego twarzy
"Faster, faster!" she cried again
"Szybciej, szybciej!" zawołała znowu
the earth seemed to spin beneath his feet
Ziemia zdawała się wirować pod jego stopami
and his thoughts grew more and more troubled
a jego myśli stawały się coraz bardziej niespokojne
out of nowhere a great terror fell on him
Ni stąd, ni zowąd ogarnęło go wielkie przerażenie
he felt some evil thing was watching him
Czuł, że obserwuje go jakaś zła istota
and at last he became aware of something
i w końcu coś sobie uświadomił
under the shadow of a rock there was a figure
W cieniu skały znajdowała się postać
a figure that he had not been there before
postać, której wcześniej tam nie był
It was a man dressed in a black velvet suit
Był to mężczyzna ubrany w czarny aksamitny garnitur
it was styled in the Spanish fashion
został wystylizowany na modłę hiszpańską
the strangers face was strangely pale
Twarz nieznajomego była dziwnie blada
but his lips were like a proud red flower
ale jego usta były jak dumny czerwony kwiat
He seemed weary of what he was seeing
Wydawał się znużony tym, co widział
he was leaning back toying in a listless manner
Odchylał się do tyłu, bawiąc się w apatyczny sposób

he was toying with the pommel of his dagger
Bawił się łękiem sztyletu
on the grass beside him lay a plumed hat
Na trawie obok niego leżał kapelusz z pióropuszem
and there were a pair of riding gloves with gilt lace
Była też para rękawiczek jeździeckich ze złoconą koronką
they were sewn with seed-pearls
Były one wyszyte z pereł nasiennych
A short cloak lined with sables hung from his shoulder
Krótki płaszcz podszyty sobolami zwisał mu z ramienia
and his delicate white hands were gemmed with rings
a jego delikatne białe dłonie były ozdobione pierścieniami
Heavy eyelids drooped over his eyes
Ciężkie powieki opadły mu na oczy
The young Fisherman watched the stranger
Młody Rybak obserwował nieznajomego
just like when one is snared in a spell
tak jak wtedy, gdy ktoś wpada w sidła zaklęcia
At last the Fisherman's and the stranger's eyes met
W końcu spojrzenia Rybaka i nieznajomego spotkały się
wherever he danced the eyes seemed to be on him
Gdziekolwiek tańczył, oczy zdawały się być skierowane na niego
He heard the Witch laugh wildly
Usłyszał dziki śmiech Wiedźmy
and he caught her by the waist
i złapał ją w pasie
and he whirled her madly round and round
i kręcił nią szaleńczo w kółko
Suddenly a dog barked in the woods
Nagle w lesie zaszczekał pies
and all the dancers stopped dancing
i wszyscy tancerze przestali tańczyć
they knelt down and kissed the man's hands
Uklękli i ucałowali ręce mężczyzny
As they did so a little smile touched his proud lips

Gdy to zrobili, na jego dumnych ustach pojawił się lekki uśmiech
like when a bird's wing touches the water
jak wtedy, gdy skrzydło ptaka dotyka wody
and it makes the water laugh a little
i to sprawia, że woda trochę się śmieje
But there was disdain in his smile
Ale w jego uśmiechu była pogarda
He kept looking at the young Fisherman
Patrzył na młodego Rybaka
"Come! let us worship" whispered the Witch
"Chodź! oddajmy cześć – szepnęła Wiedźma
and she led him up to the man
I zaprowadziła go do mężczyzny
a great desire to follow her seized him
Ogarnęło go wielkie pragnienie pójścia za nią
and he followed her to the man
I poszedł za nią do mężczyzny
But when he came close he made the sign of the Cross
Lecz gdy się zbliżył, uczynił znak krzyża
he did this without knowing why he did it
Zrobił to, nie wiedząc, dlaczego to zrobił
and he called upon the holy name
i wzywał świętego imienia
As soon as he did this the Witches screamed like hawks
Gdy tylko to zrobił, czarownice wrzasnęły jak jastrzębie
and all the Witches flew away like bats
i wszystkie czarownice odleciały jak nietoperze
the figure under the shadow tWitched with pain
postać w cieniu tCzar z bólu
The man went over to a little wood and whistled
Mężczyzna podszedł do małego lasku i zagwizdał
A horse with silver trappings came running to meet him
Koń w srebrnych ozdóbach wybiegł mu na spotkanie
As he leapt upon the saddle he turned round
Wskoczył na siodło i odwrócił się

and he looked at the young Fisherman sadly
i spojrzał na młodego Rybaka ze smutkiem
the Witch with the red hair also tried to fly away
Wiedźma z rudymi włosami również próbowała odlecieć
but the Fisherman caught her by her wrists
ale Rybak złapał ją za nadgarstki
and he kept hold of her tightly
i trzymał ją mocno
"Let me loose!" she cried, "Let me go!"
"Wypuść mnie!" zawołała, "Puść mnie!"
"thou hast named what should not be named"
"Nazwałeś to, czego nazwać nie powinno"
"and thou hast shown the sign that may not be looked at"
"A ty pokazałeś znak, na który nie wolno patrzeć"
"I will not let thee go till thou hast told me the secret"
"Nie pozwolę ci odejść, dopóki nie wyjawisz mi tajemnicy"
"What secret?" said the Witch
"Jaki sekret?" zapytała Wiedźma
and she wrestled with him like a wild cat
i mocowała się z nim jak dziki kot
and she bit her foam-flecked lips
i przygryzła wargi nakrapiane pianą
"You know the secret," replied the Fisherman
— Znasz tajemnicę — odparł Rybak
Her grass-green eyes grew dim with tears
Jej zielone jak trawa oczy przygasły od łez
"Ask me anything but that!" she begged of the Fisherman
"Zapytaj mnie o cokolwiek innego!" błagała Rybaka
He laughed, and held her all the more tightly
Roześmiał się i przytulił ją jeszcze mocniej
She saw that she could not free herself
Zrozumiała, że nie może się uwolnić
when she realized this she whispered to him
Kiedy zdała sobie z tego sprawę, szepnęła do niego
"Surely I am as fair as the daughters of the sea"
"Zaprawdę, jestem piękna jak córki morza"

"and I am as comely as those that dwell in the blue waters"
"A ja jestem tak piękny, jak ci, którzy mieszkają w błękitnych wodach"
and she fawned on him and put her face close to his
A ona przymilała się do niego i przytuliła twarz do jego twarzy
But he thrust her back and replied to her
Ale on odepchnął ją do tyłu i odpowiedział jej
"If thou don't keep your promise I will slay thee"
"Jeśli nie dotrzymasz obietnicy, zabiję cię"
"I will slay thee for a false Witch"
"Zabiję cię za fałszywą czarownicę"
She grew gas rey as a blossom of the Judas tree
Wyhodowała gaz rey jak kwiat drzewa Judasza
and a strange shudder past through her body
i dziwny dreszcz przeszył jej ciało
"if that is how you want it to be," she muttered
– Jeśli tak chcesz, żeby było – mruknęła
"It is thy Soul and not mine"
"To jest twoja dusza, a nie moja"
"Do with your Soul as thou wish"
"Czyń ze swoją duszą, co chcesz"
And she took from her girdle a little knife
I wyjęła zza pasa mały nóż
the knife had a handle of green viper's skin
Nóż miał rękojeść ze skóry zielonej żmii
and she gave him this green little knife
A ona dała mu ten zielony nóż
"What shall I do with this?" he asked of her
"Co mam z tym zrobić?" – zapytał ją
She was silent for a few moments
Milczała przez kilka chwil
a look of terror came over her face
Na jej twarzy pojawił się wyraz przerażenia
Then she brushed her hair back from her forehead
Potem odgarnęła włosy z czoła

and, smiling strangely, she spoke to him
I, uśmiechając się dziwnie, przemówiła do niego
"men call it the shadow of the body"
"Ludzie nazywają to cieniem ciała"
"but it is not the shadow of the body"
"Ale to nie jest cień ciała"
"the shadow is the body of the Soul"
"cień jest ciałem Duszy"
"Stand on the sea-shore with thy back to the moon"
"Stań na brzegu morza plecami do księżyca"
"cut away from around thy feet thy shadow"
"Odetnij od stóp twych cień twych"
"the shadow, which is thy Soul's body"
"cień, który jest ciałem duszy twojej"
"and bid thy Soul to leave thee"
"I każ Duszy twojej, aby cię opuściła"
"and thy Soul will leave thee"
"A dusza twoja opuści cię"
The young Fisherman trembled, "Is this true?"
Młody Rybak zadrżał: "Czy to prawda?"
"what I have said is true," she answered him
— To, co powiedziałam, jest prawdą — odpowiedziała mu
"and I wish that I had not told thee of it"
"I żałuję, że ci o tym nie powiedziałem"
she cried, and clung to his knees weeping
Płakała i przylgnęła do jego kolan, płacząc
he moved her away from him in the tall grass
Odsunął ją od siebie w wysokiej trawie
and he placed the little green knife in his belt
I włożył mały zielony nóż za pas
then he went to the edge of the mountain
Potem udał się na skraj góry
from the edge of the mountain he began to climb down
Ze skraju góry zaczął schodzić w dół

The Soul
Dusza

his Soul called out to him
Jego Dusza wołała do niego
"I have dwelt with thee for all these years"
"Mieszkałem z tobą przez wszystkie te lata"
"and I have been thy servant"
"A ja byłem twoim sługą"
"Don't send me away from thee"
"Nie odpędzaj mnie od siebie"
"what evil have I done thee?"
"Cóż złego ci wyrządziłem?"
And the young Fisherman laughed
Młody Rybak roześmiał się
"Thou has done me no evil"
"Nie uczyniłeś mi nic złego"
"but I have no need of thee"
"ale ja cię nie potrzebuję"
"The world is wide"
"Świat jest szeroki"
"there is Heaven and Hell in this life"
"w tym życiu jest niebo i piekło"
"and there a dim twilight between them"
"A między nimi półmrok"
"Go wherever thou wilt, but trouble me not"
"Idź, dokąd chcesz, ale nie kłopocz mnie"
"because my love is calling to me"
"Bo moja miłość mnie woła"
His Soul besought him piteously
Jego Dusza błagała go żałośnie
but the young Fishmerman heeded it not
ale młody Fishmerman nie zważał na to
instead, he leapt from crag to crag
Zamiast tego skakał z urwiska na urwisko
he moved as sure-footed as a wild goat

Poruszał się pewnie jak dzika koza
and at last he reached the level ground
i w końcu dotarł do płaskiego terenu
and then he reached the yellow shore of the sea
A potem dotarł do żółtego brzegu morza
He stood on the sand with his back to the moon
Stał na piasku plecami do księżyca
and out of the sea-foam came white arms
a z morskiej piany wyłoniły się białe ramiona
the arms of the mermaid beckoned him to come
Ramiona syreny przyzywały go, by podszedł
Before him lay his shadow; the body of his Soul
Przed nim leżał jego cień; ciało jego Duszy
behind him hung the moon, in honey-coloured air
Za jego plecami wisiał księżyc w miodowym powietrzu
And his Soul spoke to him again
I jego Dusza przemówiła do niego ponownie
"thou hast decided to drive me away from thee"
"Postanowiłeś mnie odpędzić od siebie"
"but send me not forth without a heart"
"Ale nie posyłaj mnie bez serca"
"The world you are sending me to is cruel"
"Świat, do którego mnie wysyłasz, jest okrutny"
"give me thy heart to take with me"
"Daj mi serce swoje, aby zabrać je ze mną"
He tossed his head and smiled
Potrząsnął głową i uśmiechnął się
"With what should I love if I gave thee my heart?"
"Czymże miałbym kochać, gdybym ci oddał moje serce?"
"Nay, but be merciful," said his Soul
"Nie, ale bądź miłosierny" – powiedziała jego Dusza
"give me thy heart, for the world is very cruel"
"Daj mi serce twoje, bo świat jest bardzo okrutny"
"and I am afraid," begged his soul
— A ja się boję — błagała jego dusza
"My heart belongs my love," he answered

"Moje serce należy do mojej miłości" – odpowiedział
"Should I not love also?" asked his Soul
"Czyż i ja nie powinienem kochać?" – zapytała jego Dusza
but the fisherman didn't answer his soul
Ale rybak nie odpowiedział na jego duszę
"Get thee gone, for I have no need of thee"
"Precz, bo cię nie potrzebuję"
and he took the little knife
i wziął mały nóż
the knife with its handle of green viper's skin
nóż z rękojeścią ze skóry zielonej żmii
and he cut away his shadow from around his feet
i odciął swój cień od swoich stóp
and his shadow rose up and stood before him
a cień jego podniósł się i stanął przed nim
his shadow was just like he was
Jego cień był taki sam jak on
and his shadow looked just like he did
a jego cień wyglądał dokładnie tak samo, jak on
He crept back and put his knife into his belt
Cofnął się i schował nóż za pas
A feeling of awe came over him
Ogarnęło go uczucie podziwu
"Get thee gone," he murmured
— Idź precz — mruknął
"let me see thy face no more"
"Nie pozwól mi więcej oglądać twego oblicza"
"Nay, but we must meet again," said the Soul
— Nie, ale musimy się znowu spotkać — powiedziała Dusza
His Soul's voice was low and like a flute
Głos Jego Duszy był niski i przypominał flet
its lips hardly moved while it spoke
Jego usta prawie się nie poruszały, gdy mówił
"How shall we meet?" asked the young Fisherman
"Jak się spotkamy?" zapytał młody Rybak
"Thou wilt not follow me into the depths of the sea?"

"Nie pójdziesz za mną w głębiny morskie?"
"Once every year I will come to this place"
"Raz w roku przyjadę do tego miejsca"
"I will call to thee," said the Soul
"Zawołam cię," powiedziała Dusza
"It may be that thou will have need of me"
"Może się zdarzyć, że będziesz mnie potrzebował"
the young Fishermam did not see a reason
młody Fishermam nie widział powodu
"What need could I have of thee?"
"Czegóż mógłbym od ciebie mieć?"
"but be it as thou wilt"
"Ale niech będzie, jak chcesz"
he plunged into the deep dark waters
Zanurzył się w głębokich, ciemnych wodach
and the Tritons blew their horns to welcome him
a Trytony zadęły w rogi, by go powitać
the little Mermaid rose up to meet her lover
mała Syrenka wstała, by spotkać się ze swoim kochankiem
she put her arms around his neck
Objęła go za szyję
and she kissed him on the mouth
i pocałowała go w usta
His Soul stood on the lonely beach
Jego Dusza stała na samotnej plaży
his Soul watched them sink into the sea
jego Dusza patrzyła, jak toną w morzu
then his Soul went weeping away over the marshes
potem jego dusza odeszła z płaczem nad bagnami

After the First Year
Po pierwszym roku

it had been one year since had he cast his soul away
Minął rok, odkąd odrzucił swoją duszę
the Soul came back to the shore of the sea
Dusza powróciła na brzeg morza
and the Soul called to the young Fisherman
a Dusza zawołała do młodego Rybaka
the young Fisherman rose back out of the sea
młody Rybak wynurzył się z morza
he asked his soul, "Why dost thou call me?"
Zapytał swoją duszę: "Dlaczego mnie wzywasz?"
And the Soul answered, "Come nearer"
A Dusza odpowiedziała: "Zbliż się"
"come nearer, so that I may speak with thee"
"Podejdź bliżej, abym mógł z tobą porozmawiać"
"I have seen marvellous things"
"Widziałem rzeczy zdumiewające"
So the young Fisherman came nearer to his soul
Młody Rybak zbliżył się więc do jego duszy
and he couched in the shallow water
i skulił się w płytkiej wodzie
and he leaned his head upon his hand
i oparł głowę na dłoni
and he listened to his Soul
i słuchał swojej Duszy
and his Soul spoke to him
i przemówiła do niego jego Dusza

When I left thee I turned East
Gdy cię opuściłem, zwróciłem się na wschód
From the East cometh everything that is wise
Ze Wschodu pochodzi wszystko, co mądre
For six days I journeyed eastwards
Przez sześć dni wędrowałem na wschód

on the morning of the seventh day I came to a hill
rankiem siódmego dnia doszedłem do wzgórza
a hill that is in the country of the Tartars
wzgórze, które znajduje się w kraju Tatarów
I sat down under the shade of a tamarisk tree
Usiadłem w cieniu tamaryszku
in order to shelter myself from the sun
by schronić się przed słońcem
The land was dry and had burnt up from the heat
Ziemia była sucha i spłonęła od gorąca
The people went to and fro over the plain
Ludzie chodzili tam i z powrotem po równinie
they were like flies crawling on polished copper
Byli jak muchy pełzające po wypolerowanej miedzi
When it was noon a cloud of red dust rose
Gdy było południe, uniosła się chmura czerwonego pyłu
When the Tartars saw it they strung their bows
Gdy Tatarzy to zobaczyli, naciągnęli łuki
and they leapt upon their little horses
i wskoczyli na swoje małe konie
they galloped to meet the cloud of red dust
Pogalopowali na spotkanie chmury czerwonego pyłu
The women fled to the wagons, screamin
Kobiety uciekły do wagonów, krzycząc
they hid themselves behind the felt curtains
Ukryli się za filcowymi zasłonami
At twilight the Tartars returned to their camp
O zmierzchu Tatarzy powrócili do obozu
but five of them did not return
Ale pięciu z nich nie wróciło
many of them had been wounded
Wielu z nich zostało rannych
They harnessed their horses to the wagons
Zaprzęgli konie do wozów
and they drove away hastily
i odjechali pospiesznie

Three jackals came out of a cave and peered after them
Trzy szakale wyszły z jaskini i wyjrzały za nimi
the jackals sniffed the air with their nostrils
Szakale wąchały powietrze nozdrzami
and they trotted off in the opposite direction
i ruszyli kłusem w przeciwnym kierunku
When the moon rose I saw a camp-fire
Gdy księżyc wstał, ujrzałem ognisko
and I went towards the fire in the distance
i poszedłem w stronę ogniska w oddali
A company of merchants were seated round the fire
Gromada kupców siedziała wokół ogniska
the merchants were sitting on their carpets
Kupcy siedzieli na dywanach
Their camels were tied up behind them
Ich wielbłądy były uwiązane za nimi
and their servants were pitching tents in the sand
a ich słudzy rozbijali namioty na piasku
As I came near them the chief rose up
Gdy się do nich zbliżyłem, wódz podniósł się
he drew his sword and asked me my intentions
Wyciągnął miecz i zapytał mnie o moje zamiary
I answered that I was a Prince in my own land
Odpowiedziałem, że jestem księciem w mojej ojczyźnie
I said I had escaped from the Tartars
Powiedziałem, że uciekłem przed Tatarami
they had sought to make me their slave
Chcieli mnie uczynić swoim niewolnikiem
The chief smiled and showed me five heads
Wódz uśmiechnął się i pokazał mi pięć głów
the heads were fixed upon long reeds of bamboo
Głowy były osadzone na długich trzcinach bambusowych
Then he asked me who was the prophet of God
Potem zapytał mnie, kto jest prorokiem Boga
I answered him that it was, "Mohammed"
Odpowiedziałem mu, że to "Mahomet"

He bowed and took me by the hand
Skłonił się i wziął mnie za rękę
and he let me sit by his side
i pozwolił mi usiąść obok siebie
A servant brought me some mare's milk in a wooden-dish
Służący przyniósł mi mleko klaczy w drewnianym naczyniu
and he brought a piece of lamb's flesh
i przyniósł kawałek mięsa baranka
At daybreak we started on our journey
O świcie wyruszyliśmy w drogę
I rode on a red-haired camel, by the side of the chief
Jechałem na rudowłosym wielbłądzie u boku wodza
a runner ran before us, carrying a spear
Przed nami biegł biegacz z włócznią w ręku
The men of war were on both sides of us
Wojownicy byli po obu stronach
and the mules followed with the merchandise
a szły za towarem
There were forty camels in the caravan
W karawanie było czterdzieści wielbłądów
and the mules were twice forty in number
a było dwa razy po czterdzieści

We went from the land of Tartars to the land of Gryphons
Z krainy Tatarów przeszliśmy do krainy Gryfów
The folk of the Gryphons curse the Moon
Lud Gryfów przeklina Księżyc
We saw the Gryphons on the white rocks
Widzieliśmy gryfy na białych skałach
they were guarding their gold treasure
Strzegli swojego złotego skarbu
And we saw the scaled Dragons sleeping in their caves
Widzieliśmy łuskowate smoki śpiące w swoich jaskiniach
As we passed over the mountains we held our breath
Mijając góry, wstrzymaliśmy oddech
so that the snow would not fall on us

aby śnieg nie spadł na nas
and each man tied a veil over his eyes
i każdy zawiązał zasłonę na oczy
when we passed through the valleys of the Pygmies
kiedy przejeżdżaliśmy przez doliny Pigmejów
and the Pygmies shot their arrows at us
a Pigmeje strzelali do nas strzałami
they shot from the hollows of the trees
Strzelali z dziupli drzew
at night we heard the wild men beat their drums
W nocy słyszeliśmy, jak dzicy ludzie biją w bębny
When we came to the Tower of Apes we offered fruits
Kiedy dotarliśmy do Wieży Małp, ofiarowaliśmy owoce
and those inthe tower of the Apes did not harm us
a ci w wieży małp nas nie skrzywdzili
When we came to the Tower of Serpents we offered milk
Kiedy dotarliśmy do Wieży Węży, ofiarowaliśmy mleko
and those in the tower of the Serpents let us go past
a ci, którzy są w wieży Węży, przepuśćmy
Three times in our journey we came to the banks of the Oxus
Trzy razy w naszej podróży dotarliśmy do brzegów Oksusu
We crossed the river Oxus on rafts of wood
Przeprawiliśmy się przez rzekę Oxus na tratwach z drewna
The river horses raged and tried to slay us
Rzeczne konie szalały i próbowały nas zabić
When the camels saw them they trembled
Gdy wielbłądy je zobaczyły, zadrżały
The kings of each city levied tolls on us
Królowie każdego miasta nakładali na nas myto
but they would not allow us to enter their gates
ale nie pozwolili nam wejść do ich bram
They threw bread over the walls to us
Rzucali nam chleb przez mury
and they gave us little maize-cakes baked in honey
i dali nam małe placki kukurydziane pieczone w miodzie
and cakes of fine flour filled with dates

i placki z drobnej mąki nadziewane daktylami
For every hundred baskets we gave them a bead of amber
Za każde sto koszy dawaliśmy im koralik bursztynu
When villagers saw us coming they poisoned the wells
Kiedy wieśniacy zobaczyli, że nadchodzimy, zatruli studnie
and the villagers fled to the hill-summits
Wieśniacy uciekli na szczyty wzgórz
on our journey we fought with the Magadae
w naszej podróży walczyliśmy z Magadami
They are born old, and grow younger every year
Rodzą się stare i z roku na rok stają się młodsze
they die when they are little children
Umierają, gdy są małymi dziećmi
and on our journey we fought with the Laktroi
a w drodze walczyliśmy z Laktroi
they say that the Laktroi are the sons of tigers
mówią, że Laktroi są synami tygrysów
and they paint themselves yellow and black
i malują się na żółto i czarno
And on our journey we fought with the Aurantes
A w naszej podróży walczyliśmy z Aurantes
they bury their dead on the tops of trees
Grzebią swoich zmarłych na wierzchołkach drzew
the Sun, who is their god, slays their buried
Słońce, które jest ich bogiem, zabija ich pogrzebanych
so they live in dark caverns
Żyją więc w ciemnych jaskiniach
And on our journey we fought with the Krimnians
A w drodze walczyliśmy z Krimnianami
the folk of the Krimnians worship a crocodile
lud Krimnian czci krokodyla
they give the crocodile earrings of green glass
dają krokodylom kolczyki z zielonego szkła
they feed the crocodile with butter and fresh fowls
Karmią krokodyla masłem i świeżym ptactwem
we fought with the Agazonbae, who are dog-faced

walczyliśmy z Agazonbae, które mają psią twarz
and we fought with the Sibans, who have horses' feet
i walczyliśmy z Sybanami, którzy mają końskie nogi
and they can run swifter than the fastest horses
i mogą biegać szybciej niż najszybsze konie

A third of our army died in battle
Jedna trzecia naszej armii zginęła w bitwie
a third of our army died from want of food
Jedna trzecia naszej armii zmarła z braku żywności
The rest of our army murmured against me
Reszta naszej armii szemrała przeciwko mnie
they said that I had brought them an evil fortune
mówili, że przyniosłem im zły los
I took an adder from beneath a stone
Wziąłem żmiję spod kamienia
and I let the adder bite my hand
i pozwoliłem, by żmija ugryzła mnie w rękę
When they saw I did not sicken they grew afraid
Kiedy zobaczyli, że nie choruję, przestraszyli się
In the fourth month we reached the city of Illel
W czwartym miesiącu dotarliśmy do miasta Illel
It was night time when we reached the city
Była noc, gdy dotarliśmy do miasta
we arrived at the grove outside the city walls
Dotarliśmy do zagajnika za murami miasta
the air in the city was sultry
Powietrze w mieście było duszne
because the Moon was travelling in Scorpion
ponieważ Księżyc podróżował w Skorpionie
We took the ripe pomegranates from the trees
Dojrzałe granaty wzięliśmy z drzew
and we broke them, and drank their sweet juices
A my je łamaliśmy i piliśmy ich słodkie soki
Then we laid down on our carpets
Potem położyliśmy się na dywanach

and we waited for the dawn to come
i czekaliśmy na świt
At dawn we rose and knocked at the gate of the city
O świcie wstaliśmy i zapukaliśmy do bram miasta
the gate was wrought out of red bronze
Brama została wykuta z czerwonego brązu
and the gate had carvings of sea-dragons
a brama miała rzeźby smoków morskich
The guards looked down from the battlements
Strażnicy spojrzeli w dół z blanków
and they asked us what our intentions were
Zapytali nas, jakie mamy zamiary
The interpreter of the caravan answered
Tłumacz karawany odpowiedział
we said we had come from the land of Syria
powiedzieliśmy, że pochodzimy z ziemi syryjskiej
and we told him we had many merchandise
Powiedzieliśmy mu, że mamy wiele towarów
They took some of us as hostages
Niektórych z nas wzięli jako zakładników
and they told us they would open the gate at noon
Powiedzieli nam, że otworzą bramę w południe
when it was noon they opened the gate
Gdy nadeszło południe, otworzyli bramę
when we entered the people came out of the houses
Kiedy weszliśmy, ludzie wyszli z domów
they came in order to look at us
Przyszli popatrzeć na nas
and a town crier went around the city
A miejski krzykacz chodził po mieście
he made announcements of our arrival through a shell
Oznajmił nasze przybycie przez muszlę
We stood in the market-place of the medina
Stanęliśmy na rynku medyny
and the servants uncorded the bales of cloths
A słudzy rozwiązali sznury z płócien

they opened the carved chests of sycamore
Otworzyli rzeźbione skrzynie z jaworu
Then merchants set forth their strange wares
Wtedy kupcy wypuścili swoje dziwne towary
waxed linen from Egypt, painted linen from the Ethiops
płótno woskowane z Egiptu, płótno malowane z Etiopsu
purple sponges from Tyre, cups of cold amber
fioletowe gąbki z Tyru, kubki z zimnego bursztynu
fine vessels of glass, and curious vessels of burnt clay
drobne naczynia szklane i ciekawe naczynia z wypalonej gliny
From the roof of a house a company of women watched us
Z dachu domu obserwowało nas towarzystwo kobiet
One of them wore a mask of gilded leather
Jeden z nich nosił maskę ze złoconej skóry

on the first day the Priests came and bartered with us
Pierwszego dnia przyszli kapłani i handlowali z nami
On the second day the nobles came and bartered with us
Drugiego dnia przyszła szlachta i handlowała z nami
on the third day the craftsmen came and bartered with us
Trzeciego dnia przyszli rzemieślnicy i handlowali z nami
all of them brought their slaves to us
Wszyscy przyprowadzili do nas swoich niewolników
this is their custom with all merchants
taki jest ich zwyczaj u wszystkich kupców
we waited for the moon to come
Czekaliśmy na przyjście księżyca
when the moon was waning I wandered away
gdy księżyca było coraz niżej, odszedłem
I wondered through the streets of the city
Zastanawiałem się ulicami miasta
and I came to the garden of the city's God
i przyszedłem do ogrodu Boga miasta
The Priests in their yellow robes moved silently
Kapłani w żółtych szatach poruszali się w milczeniu
they moved through the green trees

Poruszali się wśród zielonych drzew
There was a pavement of black marble
Był tam chodnik z czarnego marmuru
and on this pavement stood a rose-red house
A na tym chodniku stał różowo-czerwony dom
this was the house in which the God was dwelling
był to dom, w którym mieszkał Bóg
its doors were of powdered lacquer
Jego drzwi były z lakieru proszkowego
and bulls and peacocks were wrought on the doors
a na drzwiach wykuto byki i pawie
and the doors were polished with gold
a drzwi były wypolerowane złotem
The tiled roof was of sea-green porcelain
Dach pokryty dachówką był z porcelany w kolorze morskiej zieleni
and the jutting eaves were festooned with little bells
a sterczące okapy były ozdobione dzwoneczkami
When the white doves flew past they struck the bells
Kiedy białe gołębie przelatywały obok, uderzały w dzwony
they struck the bells with their wings
Uderzali skrzydłami w dzwony
and the doves made the bells tinkle
a gołębie sprawiły, że dzwony zadzwoniły
In front of the temple was a pool of clear water
Przed świątynią znajdowała się sadzawka z czystą wodą
the pool was paved with veined onyx
Basen został wyłożony żyłkowanym onyksem
I laid down beside the water of the pool
Położyłem się nad wodą w basenie
and with my pale fingers I touched the broad leaves
i bladymi palcami dotknęłam szerokich liści
One of the Priests came towards me
Jeden z księży podszedł do mnie
and the priest stood behind me
Ksiądz stanął za mną

He had sandals on his feet
Na nogach miał sandały
one sandal was of soft serpent-skin
Jeden sandał był z miękkiej wężowej skóry
and the other sandal was of birds' plumage
a drugi sandał był z ptasiego upierzenia
On his head was a mitre of black felt
Na głowie miał mitrę z czarnego filcu
and it was decorated with silver crescents
i był ozdobiony srebrnymi półksiężycami
Seven kinds of yellow were woven into his robe
W jego szatę wpleciono siedem rodzajów żółci
and his frizzed hair was stained with antimony
a jego kędzierzawe włosy były poplamione antymonem

After a little while he spoke to me
Po chwili odezwał się do mnie
finally, he asked me my desire
W końcu zapytał mnie, czego pragnę
I told him that my desire was to see their god
Powiedziałem mu, że moim pragnieniem jest zobaczyć ich boga
He looked strangely at me with his small eyes
Spojrzał na mnie dziwnie swoimi małymi oczami
"The god is hunting," said the Priest
— Bóg poluje — rzekł kapłan
I did not accept the answer of the priest
Nie przyjąłem odpowiedzi księdza
"Tell me in what forest and I will ride with him"
"Powiedz mi, w jakim lesie, a ja z nim pojadę"
his finger nails were long and pointed
Jego paznokcie były długie i spiczaste
he combed out the soft fringes of his tunic
Rozczesał miękkie frędzle tuniki
"The god is asleep," he murmured
— Bóg śpi — mruknął

"Tell me on what couch, and I will watch over him"
"Powiedz mi, na jakiej kanapie, a ja będę go pilnował"
"The god is at the feast" he cried
— Bóg jest na uczcie — zawołał
"If the wine be sweet, I will drink it with him"
"Jeśli wino będzie słodkie, będę je pił z nim"
"and if the wine be bitter, I will drink it with him also"
"A jeśli wino będzie gorzkie, wypiję je i z nim"
He bowed his head in wonder
Pochylił głowę ze zdumieniem
then he took me by the hand
Potem wziął mnie za rękę
and raised me up onto my feet
i podniósł mnie na nogi
and he led me into the temple
i zaprowadził mnie do świątyni

In the first chamber I saw an idol
W pierwszej komnacie ujrzałem bożka
This idol was seated on a throne of jasper
Bożek ten siedział na tronie z jaspisu
the idol was bordered with great orient pearls
Idol był otoczony wielkimi perłami orientalnymi
and on its forehead was a great ruby
a na czole miał wielki rubin
the idol was of a man, carved out of ebony
Bożek przedstawiał człowieka, wyrzeźbiony z hebanu
thick oil dripped from its hair to its thighs
gęsty olej kapał z włosów na uda
Its feet were red with the blood of a newly-slain lamb
Jego stopy były czerwone od krwi świeżo zabitego baranka
and its loins girt with a copper belt
a jego biodra przepasane miedzianym pasem
copper that was studded with seven beryls
miedź wysadzana siedmioma berylami
And I said to the Priest, "Is this the god?"

Zapytałem kapłana: "Czy to jest bóg?"
And he answered me, "This is the god"
A on mi odpowiedział: «To jest bóg»
"Show me the god," I cried, "or I will slay thee"
"Pokaż mi boga", zawołałem, "albo cię zabiję"
I touched his hand and it withered
Dotknęłam jego ręki i uschła
"Let my lord heal his servant," he begged me
"Niech mój pan uzdrowi swego sługę" – błagał mnie
"heal his servant and I will show him the God"
"Uzdrów sługę jego, a pokażę mu Boga"
So I breathed with my breath upon his hand
Oddychałem więc z moim oddechem na jego dłoni
when I did this his hand became whole again
kiedy to zrobiłem, jego ręka znów stała się cała
and the priest trembled with fear
Ksiądz zadrżał ze strachu
Then he led me into the second chamber
Potem zaprowadził mnie do drugiej komnaty
in this chamber I saw another idol
w tej komnacie ujrzałem innego bożka
The idol was standing on a lotus of jade
Bożek stał na lotosie z jadeitu
the lotus hung with great emeralds
Lotos wisiał wielkimi szmaragdami
and the lotus was carved out of ivory
a lotos został wyrzeźbiony z kości słoniowej
its stature was twice the stature of a man
Jego postura była dwa razy większa od wzrostu człowieka
On its forehead was a great chrysolite
Na czole miał wielki chryzolit
its breasts were smeared with myrrh and cinnamon
Jego piersi były umazane mirrą i cynamonem
In one hand it held a crooked sceptre of jade
W jednej ręce trzymał krzywe berło z jadeitu
and in the other hand it held a round crystal

a w drugiej ręce trzymał okrągły kryształ
and its thick neck was circled with selenites
a jego gruba szyja była otoczona selenitami
I asked the Priest, "Is this the god?"
Zapytałem księdza: "Czy to jest bóg?"
he answered me, "This is the god"
Odpowiedział mi: «To jest bóg»
"Show me the god," I cried, "or I will slay thee"
"Pokaż mi boga", zawołałem, "albo cię zabiję"
And I touched his eyes and they became blind
I dotknęłam jego oczu, a one oślepły
And the Priest begged me for mercy
Ksiądz błagał mnie o miłosierdzie
"Let my lord heal his servant"
"Niech pan mój uzdrowi sługę swego"
"heal me and I will show him the God"
"Uzdrów mnie, a pokażę mu Boga"
So I breathed with my breath upon his eyes
Oddychałem więc z oddechem na jego oczach
and the sight came back to his eyes
i wzrok powrócił do jego oczu
He trembled with fear again
Znów zadrżał ze strachu
and then he led me into the third chamber
A potem zaprowadził mnie do trzeciej komnaty

There was no idol in the third chamber
W trzeciej komnacie nie było bożka
there were no images of any kind
Nie było żadnych obrazów
all there was in the room was a mirror
W pokoju było tylko lustro
the mirror was made of round metal
lustro zostało wykonane z okrągłego metalu
the mirror was set on an altar of stone
Zwierciadło ustawiono na kamiennym ołtarzu

I said to the Priest, "Where is the god?"
Zapytałem księdza: "Gdzie jest bóg?"
he answered me, "There is no god but this mirror
Odpowiedział mi: "Nie ma boga prócz tego zwierciadła
because this is the Mirror of Wisdom
ponieważ jest to Zwierciadło Mądrości
It reflects all things that are in heaven
Odzwierciedla wszystko, co jest w niebie
and it reflects all things that are on earth
i odzwierciedla wszystko, co jest na ziemi
except for the face of him who looketh into it
z wyjątkiem oblicza tego, który w nie patrzy
him who looketh into it it reflects not
Ten, kto w nią patrzy, nie odbija
so he who looketh into the mirror will become wise
tak że ten, kto patrzy w zwierciadło, stanie się mądry
there are many other mirrors in the world
Na świecie jest wiele innych luster
but they are mirrors of opinion
Są one jednak zwierciadłem opinii
This is the only mirror that shows Wisdom
To jedyne zwierciadło, które pokazuje Mądrość
those who possess this mirror know everything
Ci, którzy posiadają to lustro, wiedzą wszystko
There isn't anything that is hidden from them
Nie ma niczego, co byłoby przed nimi ukryte
And those who don't possess the mirror don't have Wisdom
A ci, którzy nie posiadają lustra, nie mają Mądrości
Therefore this mirror is the God
A więc tym zwierciadłem jest Bóg
and that is why we worship this mirror
I dlatego czcimy to zwierciadło
And I looked into the mirror
I spojrzałem w lustro
and it was as he had said to me
I stało się tak, jak mi powiedział

And then I did a strange thing
A potem zrobiłem dziwną rzecz
but what I did matters not
ale to, co zrobiłem, nie ma znaczenia
There a valley that is but a day's journey from here
Jest dolina, która jest oddalona o dzień drogi stąd
in this valley I have hidden the Mirror of Wisdom
w tej dolinie ukryłem Zwierciadło Mądrości
Allow me to enter into thee again
Pozwól mi ponownie wejść do Ciebie
accept me and thou shalt be wiser than all the wise men
Przyjmij mnie, a będziesz mądrzejszy od wszystkich mędrców
let me enter into thee and none will be as wise as thou
Pozwól mi wejść do ciebie, a nikt nie będzie tak mądry jak ty
But the young Fisherman laughed
Ale młody Rybak roześmiał się
"Love is better than Wisdom"
"Miłość jest lepsza niż mądrość"
"The little Mermaid loves me"
"Mała Syrenka mnie kocha"
"But there is nothing better than Wisdom" said the Soul
"Ale nie ma nic lepszego niż Mądrość" – powiedziała Dusza
"Love is better," answered the young Fisherman
— Miłość jest lepsza — odparł młody Rybak
and he plunged into the deep sea
i zanurzył się w głębinach morskich
and the Soul went weeping away over the marshes
a Dusza odeszła z płaczem nad bagnami

After the Second Year
Po drugim roku

it had been two years since he had cast his soul away
Minęły dwa lata, odkąd odrzucił swoją duszę
the Soul came back to the shore of the sea
Dusza powróciła na brzeg morza
and the Soul called to the young Fisherman
a Dusza zawołała do młodego Rybaka
the young Fisherman rose back out of the sea
młody Rybak wynurzył się z morza
he asked his soul, "Why dost thou call me?"
Zapytał swoją duszę: "Dlaczego mnie wzywasz?"
And the Soul answered, "Come nearer"
A Dusza odpowiedziała: "Zbliż się"
"come nearer, so that I may speak with thee"
"Podejdź bliżej, abym mógł z tobą porozmawiać"
"I have seen marvellous things"
"Widziałem rzeczy zdumiewające"
So the young Fisherman came nearer to his soul
Młody Rybak zbliżył się więc do jego duszy
and he couched in the shallow water
i skulił się w płytkiej wodzie
and he leaned his head upon his hand
i oparł głowę na dłoni
and he listened to his Soul
i słuchał swojej Duszy
and his Soul spoke to him
i przemówiła do niego jego Dusza

When I left thee I turned my face to the South
Opuszczając cię, zwróciłem twarz ku Południu
From the South cometh everything that is precious
Z Południa pochodzi wszystko, co cenne
Six days I journeyed along the dusty paths
Sześć dni wędrowałem po zakurzonych ścieżkach

- 53 -

and the paths led to the city of Ashter
a ścieżki prowadziły do miasta Ashter
ways by which the pilgrims are wont to go
drogi, którymi pielgrzymi zwykli się udawać
on the morning of the seventh day I lifted up my eyes
rankiem siódmego dnia podniosłem oczy
and lo! the city of Ashter lay at my feet
I oto ona! miasto Aszter leżało u mych stóp
because the city of Ashter is in a valley
ponieważ miasto Aszter leży w dolinie
There are nine gates around this city
Wokół tego miasta znajduje się dziewięć bram
in front of each gate stands a bronze horse
Przed każdą bramą stoi koń z brązu
the horses neigh when the Bedouins come from the mountains
rżenie koni, gdy Beduini przybywają z gór
The walls of the city are cased with copper
Mury miasta pokryte są miedzią
the watch-towers on the walls are roofed with brass
Wieże strażnicze na ścianach są pokryte mosiężnym dachem
In every tower along the wall stands an archer
W każdej wieży wzdłuż muru stoi łucznik
and each archer has a bow in his hand
a każdy łucznik ma łuk w ręku
At sunrise he strikes a gong with an arrow
O wschodzie słońca uderza strzałą w gong
and at sunset he blows through a horn
a o zachodzie słońca dmie w róg
when I sought to enter the guards stopped me
Kiedy próbowałem wejść, strażnicy zatrzymali mnie
and the guards asked of me who I was
Strażnicy zapytali mnie, kim jestem
I made answer that I was a Dervish
Odpowiedziałem, że jestem derwiszem
I said I was on my way to the city of Mecca

Powiedziałem, że jestem w drodze do miasta Mekki
in Mecca there was a green veil
w Mekce była zielona zasłona
the Koran was embroidered with silver letters on it
Koran był wyhaftowany srebrnymi literami
it was embroidered by the hands of the angels
Został wyhaftowany rękami aniołów
the guards were filled with wonder at what I told them
Strażnicy byli zdumieni tym, co im powiedziałem
and they entreated me to enter the city
i prosili mnie, abym wszedł do miasta
Inside the city there was a bazaar
Wewnątrz miasta znajdował się bazar
Surely thou should'st have been with me
Z pewnością powinnaś była być ze mną
in the narrow streets the happy paper lanterns flutter
W wąskich uliczkach trzepoczą wesołe papierowe lampiony
they flutter like large butterflies
Trzepoczą jak duże motyle
When the wind blows they rise and fall like bubbles
Kiedy wieje wiatr, unoszą się i opadają jak bąbelki
In front of their booths sit the merchants
Przed ich stoiskami siedzą kupcy
every merchant sits on their silken carpets
Każdy kupiec siedzi na swoich jedwabnych dywanach
They have long straight black beards
Mają długie, proste, czarne brody
and their turbans are covered with golden sequins
a ich turbany pokryte są złotymi cekinami
they hold strings of amber and carved peach-stones
Trzymają sznury z bursztynu i rzeźbionych kamieni brzoskwiniowych
and they glide them through their cool fingers
i przesuwają je przez chłodne palce
Some of them sell galbanum and nard
Niektórzy z nich sprzedają galbanum i nard

some sell perfumes from the islands of the Indian Sea
niektórzy sprzedają perfumy z wysp Morza Indyjskiego
and they sell the thick oil of red roses and myrrh
i sprzedają gęsty olejek z czerwonych róż i mirry
and they sell little nail-shaped cloves
i sprzedają małe goździki w kształcie paznokci
When one stops to speak to them they light frankincense
Kiedy ktoś zatrzymuje się, aby z nimi porozmawiać, zapalają kadzidło
they throw pinches of it upon a charcoal brazier
Rzucają szczyptą na kociołek na węgiel drzewny
and it makes the air sweet
i sprawia, że powietrze jest słodkie
I saw a Syrian who held a thin rod
Widziałem Syryjczyka, który trzymał cienki pręt
grey threads of smoke came from the rod
Z pręta wydobywały się szare smugi dymu
and its odour was like the odour of the pink almonds
a jego zapach był podobny do zapachu różowych migdałów
Others sell silver bracelets embossed with turquoise stones
Inni sprzedają srebrne bransoletki z wytłoczonymi turkusowymi kamieniami
and anklets of brass wire fringed with little pearls
i obrączki z mosiężnego drutu z frędzlami z małymi perełkami
and tigers' claws set in gold
i tygrysie pazury oprawione w złoto
and the claws of that gilt cat
i pazury tego pozłacanego kota
the the claws of leopards, also set in gold
Pazury lampartów, również oprawione w złoto
and earrings of pierced emerald
i kolczyki z przekłutego szmaragdu
and finger-rings of hollowed jade
i pierścienie na palce z wydrążonego jadeitu
From the tea-houses came the sound of the guitar

Z herbaciarni dobiegał dźwięk gitary
and the opium-smokers were in the tea-houses
a palacze opium byli w herbaciarniach
their white smiling faces look out at the passers-by
Ich białe, uśmiechnięte twarze spoglądają na przechodniów
thou truly should'st have been with me
Naprawdę powinnaś była być ze mną
The wine-sellers elbow their way through the crowd
Sprzedawcy wina przepychają się łokciami przez tłum
with great black skins on their shoulders
z wielkimi czarnymi skórami na ramionach
Most of them sell the wine of Schiraz
Większość z nich sprzedaje wino z Schiraz
the wine of Schiraz is as sweet as honey
wino Schiraz jest słodkie jak miód
They serve it in little metal cups
Podają go w małych metalowych filiżankach
In the market-place stand the fruit sellers
Na rynku stoją sprzedawcy owoców
the fruit sellers sell all kinds of fruit
Sprzedawcy owoców sprzedają wszystkie rodzaje owoców
ripe figs, with their bruised purple flesh
dojrzałe figi z posiniaczonym fioletowym miąższem
melons, smelling of musk and yellow as topazes
melony, pachnące piżmem i żółte jak topazy
citrons and rose-apples and clusters of white grapes
cytryny i jabłka różane oraz kiście białych winogron
round red-gold oranges and oval lemons of green gold
okrągłe czerwono-złote pomarańcze i owalne cytryny z zielonego złota
Once I saw an elephant go by the fruit sellers
Kiedyś widziałem słonia przechodzącego obok sprzedawców owoców
Its trunk was painted with vermilion and turmeric
Jego pień był pomalowany cynobrem i kurkumą
and over its ears it had a net of crimson silk cord

a nad uszami miał siatkę z karmazynowego jedwabnego
sznura
It stopped opposite one of the booths
Zatrzymał się naprzeciwko jednej z budek
and the elephant began eating the oranges
A słoń zaczął jeść pomarańcze
instead of getting angry, the man only laughed
Zamiast się złościć, mężczyzna tylko się roześmiał
Thou canst not think how strange a people they are
Nie możesz sobie wyobrazić, jak dziwnym są to ludem
When they are glad they go to the bird-sellers
Kiedy są zadowoleni, idą do sprzedawców ptaków
they go to them to buy a caged bird
Idą do nich, aby kupić ptaka w klatce
and they set the bird free to increase their joy
i wypuścili ptaka na wolność, aby pomnożyć swoją radość
and when they are sad they scourge themselves with thorns
a gdy są smutni, biczują się cierniami
so that their sorrow may not grow less
aby ich smutek nie zmniejszył się

One evening I met some slaves
Pewnego wieczoru spotkałem kilku niewolników
they were carrying a heavy palanquin through the bazaar
Nieśli ciężki palankin przez bazar
It was made of gilded bamboo
Wykonany został z pozłacanego bambusa
and the poles were of vermilion lacquer
a słupy były z cynobrowego lakieru
it was studded with brass peacocks
Był wysadzany mosiężnymi pawiami
Across the windows hung thin curtains
W oknach wisiały cienkie zasłony
the curtains were embroidered with beetles' wings
Zasłony były wyhaftowane skrzydłami chrząszczy
and they were lined with tiny seed-pearls

i były wyłożone maleńkimi perełkami nasiennymi
and as it passed by a pale-faced Circassian smiled at me
a gdy przechodził obok, Czerkies o bladej twarzy uśmiechnął się do mnie
I followed behind bearers of the palanquin
Szedłem za niosącymi palankin
and the slaves hurried their steps and scowled
A niewolnicy przyśpieszyli kroku i skrzywili się
But I did not care if they scowled
Ale nie obchodziło mnie, że się skrzywili
I felt a great curiosity come over me
Poczułem, że ogarnia mnie wielka ciekawość
At last they stopped at a square white house
W końcu zatrzymali się przed kwadratowym białym domem
There were no windows to the house
Do domu nie było okien
all the house had was a little door
W domu były tylko małe drzwiczki
and the door was like the door of a tomb
A drzwi były jak drzwi grobowca
They set down the palanquin at the house
Ustawili palankin w domu
and they knocked three times with a copper hammer
i zapukali trzy razy miedzianym młotem
An Armenian in a green leather caftan peered through the wicket
Przez furtkę wyjrzał Ormianin w zielonym skórzanym kaftanie
and when he saw them he opened the door
A gdy ich ujrzał, otworzył drzwi
he spread a carpet on the ground and the woman stepped out
Rozłożył dywan na ziemi i kobieta wyszła
As she went in she turned round and smiled at me again
Kiedy weszła, odwróciła się i znów się do mnie uśmiechnęła
I had never seen anyone so pale

Nigdy nie widziałem nikogo tak bladego
When the moon rose I returned to the same place
Kiedy księżyc wstał, wróciłem w to samo miejsce
and I sought for the house, but it was no longer there
i szukałem domu, ale już go nie było
When I saw that I knew who the woman was
Kiedy to zobaczyłem, wiedziałem, kim jest ta kobieta
and I knew why she had smiled at me
i wiedziałem, dlaczego się do mnie uśmiechnęła
Certainly, thou should'st have been with me
Z pewnością powinnaś była być ze mną

There was a feast of the New Moon
Było święto nowiu księżyca
the young Emperor came forth from his palace
młody cesarz wyszedł ze swego pałacu
and he went into the mosque to pray
I poszedł do meczetu, aby się modlić
His hair and beard were dyed with rose-leaves
Jego włosy i broda były farbowane liśćmi róży
and his cheeks were powdered with a fine gold dust
a policzki jego były przypudrowane drobnym złotym pyłem
The palms of his feet and hands were yellow with saffron
Dłonie i dłonie były żółte od szafranu
At sunrise he went forth from his palace
O wschodzie słońca wyszedł ze swego pałacu
he was dressed in a robe of silver
Ubrany był w szatę srebrną
and at sunset he returned again
A o zachodzie słońca wrócił znowu
then he was dressed in a robe of gold
Potem odziano go w złotą szatę
The people flung themselves on the ground
Ludzie rzucili się na ziemię
they hid their faces, but I would not do so
zakryli twarze, ale ja bym tego nie zrobił

I stood by the stall of a seller of dates and waited
Stałem przy stoisku sprzedawcy daktyli i czekałem
When the Emperor saw me he raised his painted eyebrows
Kiedy cesarz mnie zobaczył, uniósł pomalowane brwi
and he stopped to observe me
i zatrzymał się, by mi się przyjrzeć
I stood quite still and made him no obeisance
Stałem nieruchomo i nie składałem mu pokłonów
The people marvelled at my boldness
Ludzie dziwili się mojej śmiałości
they counselled me to flee from the city
Poradzili mi, żebym uciekał z miasta
but I paid no heed to their warnings
ale nie zważałem na ich ostrzeżenia
instead, I went and sat with the sellers of strange gods
zamiast tego poszedłem i usiadłem ze sprzedawcami obcych bogów
by reason of their craft they are abominated
Ze względu na swoje rzemiosło są znienawidzeni
When I told them what I had done each of them gave me an idol
Kiedy powiedziałem im, co zrobiłem, każdy z nich dał mi idola
and they prayed me to leave them
i prosili mnie, abym ich opuścił

That night I was in the Street of Pomegranates
Tej nocy byłem na Ulicy Granatów
I was in a tea-house and I laid on a cushion
Byłem w herbaciarni i położyłem się na poduszce
the guards of the Emperor entered and led me to the palace
Strażnicy cesarza weszli i zaprowadzili mnie do pałacu
As I went in they closed each door behind me
Kiedy wszedłem, zamknęli za mną wszystkie drzwi
and they put a chain across each door
i założyli łańcuch na każdych drzwiach

Inside the palace there was a great courtyard
Wewnątrz pałacu znajdował się wielki dziedziniec
The walls of the courtyard were of white alabaster
Ściany dziedzińca wyłożono białym alabastrem
the alabaster was decorated with blue and green tiles
Alabastra ozdobiono niebieskimi i zielonymi płytkami
and the pillars were of green marble
a filary były z zielonego marmuru
and the pavement was of peach-blossom marble
a chodnik był z marmuru brzoskwiniowego
I had never seen anything like it before
Nigdy wcześniej czegoś takiego nie widziałem
As I passed the courtyard two veiled women were on a balcony
Kiedy przechodziłem przez dziedziniec, dwie zawoalowane kobiety stały na balkonie
they looked down from their balcony and cursed me
Spojrzeli w dół ze swojego balkonu i przeklinali mnie
The guards hastened on through the courtyard
Strażnicy pośpieszyli przez dziedziniec
the butts of the lances rang upon the polished floor
Kolby lanc zadźwięczały na wypolerowanej podłodze
They opened a gate of wrought ivory
Otworzyli bramę z kutej kości słoniowej
I found myself in a watered garden of seven terraces
Znalazłem się w nawodnionym ogrodzie z siedmioma tarasami
The garden was planted with tulip-cups and moon-flowers
Ogród był obsadzony kielichami tulipanów i księżycowymi kwiatami
a fountain hung in the dusky air like a slim reed of crystal
fontanna wisiała w mrocznym powietrzu jak smukła trzcina z kryształu
The cypress-trees were like burnt-out torches
Cyprysy były jak wypalone pochodnie
From one of the trees a nightingale was singing

Z jednego z drzew śpiewał słowik
At the end of the garden stood a little pavilion
Na końcu ogrodu stał mały pawilon
while we approached the pavilion two eunuchs came out
Gdy zbliżaliśmy się do pawilonu, wyszło z niego dwóch eunuchów
Their fat bodies swayed as they walked
Ich tłuste ciała kołysały się, gdy szli
and they glanced curiously at me
i spojrzeli na mnie z zaciekawieniem
One of them drew aside the captain of the guard
Jeden z nich odciągnął na bok kapitana straży
and in a low voice the eunuch whispered to him
I szepnął do niego eunuch półgłosem
The other kept munching scented pastilles
Drugi chrupał pachnące pastylki
these he took out of an oval box of lilac enamel
Wyjął je z owalnego pudełka z liliowej emalii
soon after the captain of the guard dismissed the soldiers
Wkrótce potem kapitan straży odprawił żołnierzy
The soldiers went back to the palace
Żołnierze wrócili do pałacu
the eunuchs followed behind the guards, but slowly
Eunuchowie szli za strażnikami, ale powoli
and they plucked the sweet mulberries from the trees
i zrywali słodkie morwy z drzew
at one time the older eunuch turned round
Pewnego razu starszy eunuch odwrócił się
and he smiled at me with an evil smile
i uśmiechnął się do mnie ze złowrogim uśmiechem
Then the captain of the guards motioned me forwards
Wtedy kapitan straży skinął na mnie
I walked to the entrance without trembling
Podszedłem do wejścia bez drżenia
I drew the heavy curtain aside, and entered
Odsunąłem ciężką zasłonę i wszedłem do środka

The young Emperor was stretched on a couch
Młody cesarz leżał rozciągnięty na kanapie
the couch was covered in dyed lion skins
Kanapa była pokryta farbowanymi lwami skórami
and a falcon was perched upon his wrist
a sokół siedział na jego nadgarstku
Behind him stood a brass-turbaned Nubian
Za nim stał Nubijczyk w mosiężnym turbanie
he was naked down to the waist
Był nagi do pasa
he had heavy earrings in his split ears
Miał ciężkie kolczyki w rozdwojonych uszach
On a table by the side lay a mighty scimitar of steel
Na stole obok leżał potężny bułat ze stali
When the Emperor saw me he frowned
Kiedy cesarz mnie zobaczył, zmarszczył brwi
he asked me, "What is thy name?"
zapytał mnie: "Jak masz na imię?"
"Knowest thou not that I am Emperor of this city?"
"Czy nie wiesz, że jestem cesarzem tego miasta?"
But I made him no answer to his question
Nie dałem mu jednak odpowiedzi na jego pytanie
He pointed with his finger at the scimitar
Wskazał palcem na bułat
the Nubian seized the scimitar, ready to fight
Nubijczycy chwycili bułat, gotowi do walki
rushing forward he struck at me with great violence
Pędząc naprzód, uderzył mnie z wielką siłą
The blade whizzed through me and did me no hurt
Ostrze przeszyło mnie i nie zrobiło mi krzywdy
The man fell sprawling on the floor
Mężczyzna upadł na podłogę
when he rose up his teeth chattered with terror
Kiedy wstał, szczęknął zębami z przerażenia
and he hid behind the couch
i schował się za kanapą

The Emperor leapt to his feet
Cesarz zerwał się na równe nogi
he took a lance from a stand and threw it at me
Wziął lancę ze stojaka i rzucił nią we mnie
I caught it in its flight
Złapałem go w locie
I broke the shaft into two pieces
Wałek rozbiłem na dwie części
then he shot at me with an arrow
Potem strzelił do mnie strzałą
but I held up my hands as it came to me
ale podniosłem ręce, gdy to do mnie przyszło
and I stopped the arrow in mid-air
i zatrzymałem strzałę w powietrzu
Then he drew a dagger from a belt of white leather
Potem wyciągnął sztylet z pasa z białej skóry
and he stabbed the Nubian in the throat
i dźgnął Nubijczyka w gardło
so that the the slave would not tell of his dishonour
aby niewolnik nie mówił o swojej hańbie
The man writhed like a trampled snake
Mężczyzna wił się jak zdeptany wąż
and a red foam bubbled from his lips
a z jego ust wypłynęła czerwona piana
As soon as he was dead the Emperor turned to me
Gdy tylko umarł, cesarz zwrócił się do mnie
he took out a little napkin of purple silk
Wyjął małą serwetkę z fioletowego jedwabiu
and he had wiped away the bright sweat from his brow
i otarł jasny pot z czoła
he said to me, "Art thou a prophet?"
Rzekł do mnie: "Czy jesteś prorokiem?"
"is it that I may not harm thee?"
"Czy to po to, żebym cię nie skrzywdził?"
"or are you the son of a prophet?"
"A może jesteś synem proroka?"

"and is it that can I do thee no hurt?"
"A czy mogę ci nie wyrządzić krzywdy?"
"I pray thee leave my city tonight"
"Proszę cię, opuść dziś moje miasto"
"while thou art in my city I am no longer its lord"
"Dopóki jesteś w moim mieście, nie jestem już jego panem"
And this time I answered his question
I tym razem odpowiedziałem na jego pytanie
"I will leave they city, for half of thy treasure"
"Opuszczę ich miasto za połowę twego skarbu"
"Give me half of thy treasure and I will go away"
"Daj mi połowę swego skarbu, a odejdę"
"He took me by the hand and led me into the garden"
"Wziął mnie za rękę i zaprowadził do ogrodu"
"When the captain of the guard saw me he wondered"
"Kiedy kapitan straży mnie zobaczył, zdziwił się"
"When the eunuchs saw me their knees shook"
"Kiedy eunuchowie mnie zobaczyli, zatrzęsły im się kolana"
"and they fell upon the ground in fear"
"I padli na ziemię ze strachu"

There is a special chamber in the palace
W pałacu znajduje się specjalna komnata
the chamber has eight walls of red porphyry
Komora ma osiem ścian z czerwonego porfiru
and it has a brass-scaled ceiling hung with lamps
i ma mosiężny sufit zawieszony na lampach
The Emperor touched one of the walls and it opened
Cesarz dotknął jednej ze ścian i ta się otworzyła
we passed down a corridor that was lit with many torches
Przeszliśmy korytarzem, który był oświetlony wieloma pochodniami
In niches upon each side stood great wine-jars
W niszach po obu stronach stały wielkie dzbany na wino
the wine-jars were filled to the brim with silver pieces
Dzbany z winem były wypełnione po brzegi srebrnymi

kawałkami
soon we reached the centre of the corridor
Wkrótce dotarliśmy do środka korytarza
the Emperor spoke the word that may not be spoken
Cesarz wypowiedział słowo, którego nie wolno wypowiedzieć
a granite door swung back on a secret spring
Granitowe drzwi odchyliły się do tyłu na tajemnym źródle
and he put his hands before his face
I położył ręce na twarzy
so that he would not be dazzled
aby nie został oślepiony
Thou would not have believed how marvellous a place it was
Nie uwierzyłbyś, jak cudowne było to miejsce
There were huge tortoise-shells full of pearls
Były tam ogromne skorupy żółwi pełne pereł
and there were hollowed moonstones of great size
i były tam wydrążone kamienie księżycowe wielkich rozmiarów
the moonstones were piled up with red rubies
Kamienie księżycowe były ułożone w stosy czerwonych rubinów
The gold was stored in coffers of elephant-hide
Złoto przechowywano w skrzyniach ze skóry słonia
and there was gold-dust in leather bottles
a w skórzanych butelkach był złoty pył
There were more opals and sapphires than I could count
Opali i szafirów było więcej, niż mógłbym zliczyć
the many opals were kept in cups of crystal
Liczne opale przechowywano w kryształowych kielichach
and the sapphires were kept in cups of jade
a szafiry przechowywano w kielichach z jadeitu
Round green emeralds were arranged in order
Okrągłe zielone szmaragdy zostały ułożone w kolejności
they were laid out upon thin plates of ivory
Ułożono je na cienkich płytach z kości słoniowej

in one corner were silk bags full of turquoise-stones
W kącie leżały jedwabne torby pełne turkusowych kamieni
and others bags were filled with beryls
a inne worki były wypełnione berylami
The ivory horns were heaped with purple amethysts
Rogi z kości słoniowej były wyłożone fioletowymi ametystami
and the horns of brass were heaped with chalcedony and sard stones
a rogi miedziane były wyłożone chalcedonem i kamieniami kardowymi
The pillars holding the ceiling were made of cedar
Filary podtrzymujące strop wykonano z cedru
they were hung with strings of yellow lynx-stones
Zawieszono je na sznurach z żółtych kamieni rysia
In the flat oval shields there were carbuncles
W płaskich owalnych tarczach znajdowały się karbunkuły
they were wine-coloured, and coloured like grass
Były koloru wina i koloru trawy
And yet I have told thee but a fraction of what was there
A jednak powiedziałem ci tylko ułamek tego, co tam było

The Emperor took away his hands from his face
Cesarz zdjął ręce z twarzy
he said to me, "this is my house of treasure"
Rzekł do mnie: «To jest mój dom skarbu»
half of what is in this house is thine
Połowa tego, co jest w tym domu, należy do ciebie
this is as I promised to thee
To jest tak, jak ci obiecałem
And I will give thee camels and camel drivers
I dam ci wielbłądy i poganiaczy wielbłądów
and the camel drivers shall do thy bidding
a poganiacze wielbłądów będą wykonywać twoje rozkazy
please, take thy share of the treasure
Proszę, weź swoją część skarbu
take it to whatever part of the world thou desirest

Zanieś go do dowolnej części świata, której pragniesz
But the thing shall be done tonight
Ale rzecz stanie się dziś wieczorem
because, as you know, the sun is my father
Ponieważ, jak wiesz, słońce jest moim ojcem
he must not see a man in the city that I cannot slay
Nie może ujrzeć w mieście człowieka, którego nie mógłbym zabić
But I answered him, "The gold that is here is thine"
Lecz Mu odpowiedziałem: «Złoto, które tu jest, jest twoje»
"and the silver that is here also is thine"
"A srebro, które tu jest, jest twoje"
"and thine are the precious jewels and opals"
"A twoje drogocenne klejnoty i opale"
"As for me, I have no need of these treasures"
"Co do mnie, nie potrzebuję tych skarbów"
"I shall not take anything from thee"
"Nic ci nie wezmę"
"but I will take the little ring that thou wearest"
"Ale wezmę ten mały pierścień, który nosisz"
"it is on the finger of thy hand"
"Jest na palcu twej ręki"
when I said this the Emperor frowned
kiedy to powiedziałem, cesarz zmarszczył brwi
"It is but a ring of lead," he cried
— To tylko pierścień z ołowiu — zawołał
"a simple ring has no value for you"
"Zwykły pierścionek nie ma dla ciebie żadnej wartości"
"take thy half of the treasure and go from my city"
"Weź swoją połowę skarbu i wyjdź z mego miasta"
"Nay" I answered, "it is what I want"
"Nie", odpowiedziałem, "to jest to, czego chcę"
"I will take nought but that lead ring"
"Nie wezmę nic prócz tego ołowianego pierścienia"
"for I know what is written within it"
"bo wiem, co jest w nim napisane"

"and I know for what purpose it is"
"i wiem, w jakim celu"
And the Emperor trembled in fear
Cesarz zadrżał ze strachu
he besought me and said, "Take all the treasure"
Błagał mnie i mówił: «Weź cały skarb»
"take all the treasure and go from my city"
"Zabierzcie wszystkie skarby i wyjdźcie z mojego miasta"
"The half that is mine shall be thine also"
"Połowa, która jest moja, będzie i twoja"

And I did a strange thing
I zrobiłem dziwną rzecz
but what I did matters not
ale to, co zrobiłem, nie ma znaczenia
because there is a cave that is but a day's journey from here
Bo jest jaskinia, która jest oddalona o dzień drogi stąd
in that cave I have hidden the Ring of Riches
w tej jaskini ukryłem Pierścień Bogactwa
in this cave the ring of riches waits for thy coming
W tej jaskini pierścień bogactw czeka na twe przyjście
He who has this Ring is richer than all the kings of the world
Ten, kto ma ten Pierścień, jest bogatszy niż wszyscy królowie świata
Come and take it, and the world's riches shall be thine
Przyjdź i weź ją, a bogactwa świata będą twoje
But the young Fisherman laughed, "love is better than riches"
Ale młody Rybak roześmiał się: "miłość jest lepsza niż bogactwo"
"and the little Mermaid loves me," he added
– A mała Syrenka mnie kocha – dodał
"Nay, but there is nothing better than riches," said the Soul
"Nie, ale nie ma nic lepszego niż bogactwo" – powiedziała Dusza

"Love is better," answered the young Fisherman
— Miłość jest lepsza — odparł młody Rybak
and he plunged back into the deep waters
i zanurzył się z powrotem w głęboką wodę
and the Soul went weeping away over the marshes
a Dusza odeszła z płaczem nad bagnami

After the Third Year
Po trzecim roku

it had been three year since he cast his soul away
Minęły trzy lata, odkąd odrzucił swoją duszę
the Soul came back to the shore of the sea
Dusza powróciła na brzeg morza
and the Soul called to the young Fisherman
a Dusza zawołała do młodego Rybaka
the young Fisherman rose back out of the sea
młody Rybak wynurzył się z morza
he asked his soul, "Why dost thou call me?"
Zapytał swoją duszę: "Dlaczego mnie wzywasz?"
And the Soul answered, "Come nearer"
A Dusza odpowiedziała: "Zbliż się"
"come nearer, so that I may speak with thee"
"Podejdź bliżej, abym mógł z tobą porozmawiać"
"I have seen marvellous things"
"Widziałem rzeczy zdumiewające"
So the young Fisherman came nearer to his soul
Młody Rybak zbliżył się więc do jego duszy
and he couched in the shallow water
i skulił się w płytkiej wodzie
and he leaned his head upon his hand
i oparł głowę na dłoni
and he listened to his Soul
i słuchał swojej Duszy
and his Soul spoke to him
i przemówiła do niego jego Dusza

In a city that I know of there is an inn
W mieście, które znam, jest gospoda
the inn that I speak of stands by a river
gospoda, o której mówię, stoi nad rzeką
in this inn I sat and drunk with sailors
w tej gospodzie siedziałem i piłem z marynarzami

sailors who drank two different coloured wines
marynarze, którzy pili dwa różnokolorowe wina
and they ate bread made of barley
i jedli chleb jęczmienny
and I ate salty little fish with them
i zjadłem z nimi słone rybki
little fish that were served in bay leaves with vinegar
małe rybki, które podawano w liściach laurowych z octem
while we sat and made merry an old man entered
Gdyśmy siedzieli i weselili się, wszedł starzec
he had a leather carpet with him
Miał ze sobą skórzany dywan
and he had a lute that had two horns of amber
Miał lutnię, która miała dwa rogi z bursztynu
he laid out the carpet on the floor
Rozłożył dywan na podłodze
and he struck on the strings of his lute
i uderzył w struny swojej lutni
and a girl ran in and began to dance in front of us
A dziewczyna wbiegła i zaczęła tańczyć przed nami
Her face was veiled with a veil of gauze
Jej twarz była zasłonięta welonem z gazy
and she was wearing silk, but her feet were naked
Miała na sobie jedwab, ale nogi jej były nagie
and her feet moved over the carpet like little white pigeons
a jej stopy poruszały się po dywanie jak małe białe gołębie
Never have I seen anything so marvellous
Nigdy nie widziałem czegoś tak cudownego
the city where she dances is but a day's journey from here
Miasto, w którym tańczy, znajduje się zaledwie dzień drogi stąd.
the young Fisherman heard the words of his Soul
młody Rybak usłyszał słowa swojej Duszy
he remembered that the little Mermaid had no feet
pamiętał, że mała Syrenka nie miała stóp
and he remembered she was unable to dance

i przypomniał sobie, że nie była w stanie tańczyć
a great desire came over him to see the girl
Ogarnęło go wielkie pragnienie zobaczenia dziewczyny
he said to himself, "It is but a day's journey"
Powiedział do siebie: "To tylko dzień drogi"
"and then I can return to my love," he laughed
– A potem będę mógł wrócić do mojej miłości – zaśmiał się
he stood up in the shallow water
Stanął w płytkiej wodzie
and he strode towards the shore
i ruszył w stronę brzegu
when he had reached the dry shore he laughed again
Gdy dotarł do suchego brzegu, znów się roześmiał
and he held out his arms to his Soul
i wyciągnął ramiona do swojej Duszy
his Soul gave a great cry of joy
Jego Dusza wydała wielki okrzyk radości
his Soul ran to meet his body
jego Dusza wybiegła na spotkanie jego ciała
and his Soul entered into back him again
a jego dusza weszła w niego z powrotem
the young Fisherman became one with his shadow once more
Młody Rybak znów stał się jednością ze swoim cieniem
the shadow of the body that is the body of the Soul
cień ciała, który jest ciałem Duszy
And his Soul said to him, "Let us not tarry"
A Dusza Jego rzekła do Niego: «Nie zwlekajmy»
"but let us get going at once"
"Ale chodźmy natychmiast"
"because the Sea-gods are jealous"
"Bo bogowie morza są zazdrośni"
"and they have monsters that do their bidding"
"I mają, które wykonują ich rozkazy"
So they made haste to get to the city
Pośpieszyli więc, aby dostać się do miasta

Sin
Grzech

all that night they journeyed beneath the moon
Przez całą noc podróżowali pod księżycem
and all the next day they journeyed beneath the sun
i przez cały następny dzień wędrowali pod słońcem
on the evening of the day they came to a city
Wieczorem tego dnia przybyli do miasta
the young Fisherman asked his Soul
– zapytał młody Rybak swoją Duszę
"Is this the city in which she dances?"
— Czy to miasto, w którym ona tańczy?
And his Soul answered him
A Dusza jego odpowiedziała mu
"It is not this city, but another"
"To nie jest to miasto, ale inne"
"Nevertheless, let us enter this city"
"Wejdźmy jednak do tego miasta"
So they entered the city and passed through the streets
Weszli więc do miasta i przeszli ulicami
they passed through the street of jewellers
Przechodzili ulicą jubilerów
passing through the street, the young Fisherman saw a silver cup
Przechodząc przez ulicę, młody Rybak zobaczył srebrny puchar
his Soul said to him, "Take that silver cup"
Dusza jego rzekła do niego: «Weź ten srebrny kielich»
and his Soul told him to hide the silver cup
a jego Dusza kazała mu schować srebrny kielich
So he took the silver cup and hid it
Wziął więc srebrny kielich i ukrył go
and they went hurriedly out of the city
i pośpiesznie opuścili miasto
the young Fisherman frowned and flung the cup away

Młody Rybak zmarszczył brwi i odrzucił kubek
"Why did'st thou tell me to take this cup?"
"Dlaczego kazałeś mi wziąć ten kielich?"
"it was an evil thing to do"
"To było złe"
But his Soul just told him to be at peace
Ale jego Dusza po prostu powiedziała mu, żeby był w pokoju

on the evening of the second day they came to a city
Wieczorem drugiego dnia przybyli do miasta
the young Fisherman asked his Soul
– zapytał młody Rybak swoją Duszę
"Is this the city in which she dances?"
— Czy to miasto, w którym ona tańczy?
And his Soul answered him
A Dusza jego odpowiedziała mu
"It is not this city, but another"
"To nie jest to miasto, ale inne"
"Nevertheless, let us enter this city"
"Wejdźmy jednak do tego miasta"
So they entered in and passed through the streets
Weszli więc do środka i przeszli ulicami
they passed through the street of sandal sellers
Przeszli ulicą sprzedawców sandałów
passing through the street, the young Fisherman saw a child
Przechodząc przez ulicę, młody Rybak zobaczył dziecko
the child was standing by a jar of water
Dziecko stało przy dzbanie z wodą
his Soul told him to smite the child
jego Dusza kazała mu uderzyć dziecko
So he smote the child till it wept
Bił więc dziecko, aż płakało
after he had done this they went hurriedly out of the city
Gdy to uczynił, pośpiesznie opuścili miasto
the young Fisherman grew angry with his soul
Młody Rybak rozgniewał się na swoją duszę

"Why did'st thou tell me to smite the child?"
"Dlaczego kazałeś mi uderzyć dziecko?"
"it was an evil thing to do"
"To było złe"
But his Soul just told him to be at peace
Ale jego Dusza po prostu powiedziała mu, żeby był w pokoju

And on the evening of the third day they came to a city
Trzeciego dnia wieczorem przyszli do miasta
the young Fisherman asked his Soul
– zapytał młody Rybak swoją Duszę
"Is this the city in which she dances?"
— Czy to miasto, w którym ona tańczy?
And his Soul answered him
A Dusza jego odpowiedziała mu
"It may be that it is this city, so let us enter"
"Możliwe, że to jest to miasto, więc wejdźmy"
So they entered the city and passed through the streets
Weszli więc do miasta i przeszli ulicami
but nowhere could the young Fisherman find the river
ale nigdzie młody Rybak nie mógł znaleźć rzeki
and he couldn't find the inn either
Nie mógł też znaleźć gospody
And the people of the city looked curiously at him
Mieszkańcy miasta patrzyli na niego z zaciekawieniem
and he grew afraid and asked his Soul to leave
i przestraszył się, i poprosił swoją Duszę, aby odeszła
"she who dances with white feet is not here"
"Nie ma tu tej, która tańczy białymi stopami"
But his Soul answered "Nay, but let us rest"
Lecz jego Dusza odpowiedziała: "Nie, ale odpocznijmy"
"because the night is dark"
"Bo noc jest ciemna"
"and there will be robbers on the way"
"A po drodze będą zbójcy"
So he sat himself down in the market-place and rested

Usiadł więc na rynku i odpoczął
after a time a hooded merchant walked past him
Po chwili przeszedł obok niego zakapturzony kupiec
he had a cloak of cloth of Tartary
miał płaszcz z sukna tatarskiego
and he carried a lantern of pierced horn
i niósł latarnię z przebitego rogu
the merchant asked the young Fisherman
— zapytał kupiec młodego Rybaka
"Why dost thou sit in the market-place?"
"Dlaczego siedzisz na rynku?"
"the booths are closed and the bales corded"
"Budki są zamknięte, a bele przewiązane"
And the young Fisherman answered him
Odpowiedział mu młody Rybak
"I can find no inn in this city"
"Nie mogę znaleźć gospody w tym mieście"
"I have no kinsman who might give me shelter"
"Nie mam krewnego, który by mi dał schronienie"
"Are we not all kinsmen?" said the merchant
"Czyż nie jesteśmy wszyscy krewnymi?" zapytał kupiec
"And did not one God make us?"
"A czyż nie stworzył nas jeden Bóg?"
"come with me, for I have a guest-chamber"
"Chodź ze mną, bo mam komnatę gościnną"
So the young Fisherman rose up and followed the merchant
Młody rybak wstał i poszedł za kupcem
they passed through a garden of pomegranates
Przeszli przez ogród granatów
and they entered into the house of the merchant
I weszli do domu kupca
the merchant brought him rose-water in a copper dish
Kupiec przyniósł mu wodę różaną w miedzianym naczyniu
so that he could wash his hands
aby mógł umyć ręce
and he brought him ripe melons

i przyniósł mu dojrzałe melony
so that he could quench his thirst
aby mógł ugasić pragnienie
and he gave him a bowl of rice
i dał mu miskę ryżu
in the bowl of rice was roasted lamb
W misce ryżu znajdowała się pieczona jagnięcina
so that he could satisfy his hunger
aby mógł zaspokoić swój głód
the young Fischerman finished his meal
młody Fischerman dokończył posiłek
and he thanked the merchant for all his generousity
i podziękował kupcowi za całą jego hojność
then the merchant led him to the guest-chamber
Wtedy kupiec zaprowadził go do komnaty gościnnej
and the merchant let him sleep in his chamber
Kupiec pozwolił mu spać w swojej komnacie
the young Fisherman gave him thanks again
Młody Rybak jeszcze raz mu podziękował
and he kissed the ring that was on his hand
I ucałował pierścień, który miał na ręku
he flung himself down on the carpets of dyed goat's-hair
Rzucił się na dywany z farbowanej koziej sierści
And when pulled the blanket over himself he fell asleep
A kiedy naciągnął na siebie koc, zasnął

it was three hours before dawn
Było trzy godziny przed świtem
while it was still night his Soul woke him
gdy była jeszcze noc, obudziła go jego Dusza
his Soul told him to rise
jego Dusza kazała mu powstać
"Rise up and go to the room of the merchant"
"Wstań i idź do pokoju kupca"
"go to the room in which he sleeps"
"Idź do pokoju, w którym śpi"

"slay him in his sleep"
"Zabij go we śnie"
"take his gold from him"
"Zabierzcie mu jego złoto"
"because we have need of it"
"Bo tego potrzebujemy"
And the young Fisherman rose up
I młody Rybak wstał
and he crept towards the room of the merchant
i podkradł się do pokoju kupca
there was a curved sword at the feet of the merchant
U stóp kupca leżał zakrzywiony miecz
and there was a tray by the side of the merchant
a obok kupca stała taca
the tray held nine purses of gold
Na tacy znajdowało się dziewięć sakiewek ze złotem
And he reached out his hand and touched the sword
Wyciągnął rękę i dotknął miecza
and when he touched the sword the merchant woke up
A kiedy dotknął miecza, kupiec obudził się
he leapt up and seized the sword
Zerwał się i chwycił miecz
"Dost thou return evil for good?"
"Czy odpłacasz złem za dobre?"
"do you pay with the shedding of blood?"
"Czy płacisz za to rozlewem krwi?"
"in return for the kindness that I have shown thee"
"w zamian za życzliwość, którą ci okazałem"
And his Soul said to the young Fisherman, "Strike him"
A Dusza Jego rzekła do młodego rybaka: "Uderz go!"
and he struck him so that he swooned
i uderzył go tak, że zemdlał
he seized the nine purses of gold
Zabrał dziewięć sakiewek ze złotem
and he fled hastily through the garden of pomegranates
I uciekł pośpiesznie przez ogród granatów

and he set his face to the star of morning
I zwrócił twarz ku gwieździe porannej
they escaped the city without being noticed
Uciekli z miasta niezauważeni
the young Fisherman beat his breast
Młody Rybak bił się w piersi
"Why didst thou bid me to slay the merchant?"
"Dlaczego kazałeś mi zabić kupca?"
"why did you make me take his gold?"
— Dlaczego kazałeś mi zabrać jego złoto?
"Surely thou art evil"
"Zaprawdę, jesteś zły"
But his Soul told him to be at peace
Lecz jego Dusza powiedziała mu, aby był spokojny
"No!" cried the young Fisherman
"Nie!" zawołał młody Rybak
"I can not be at peace with this"
"Nie mogę się z tym pogodzić"
"all that thou hast made me do I hate"
"Wszystko, do czego mnie zmusiłeś, nienawidzę"
"and what else I hate is you"
"A czego jeszcze nienawidzę, to ty"
"why have you brought me here to do these things?"
"Dlaczego przyprowadziłeś mnie tutaj, żebym robił te rzeczy?"
And his Soul answered him
A Dusza jego odpowiedziała mu
"When you sent me into the world you gave me no heart"
"Gdyś mnie posłał na świat, nie dałeś mi serca"
"so I learned to do all these things"
"więc nauczyłem się robić te wszystkie rzeczy"
"and I learned to love these things"
"I nauczyłem się kochać te rzeczy"
"What sayest thou?" murmured the young Fisherman
"Co mówisz?" mruknął młody Rybak
"Thou knowest," answered his Soul
"Ty wiesz," odpowiedziała jego Dusza

"Have you forgotten that you gave me no heart?"
"Czy zapomniałeś, że nie dałeś mi serca?"
"don't trouble yourself for me, but be at peace"
"Nie kłopocz się o mnie, ale bądź w pokoju"
"because there is no pain you shouldn't give away"
"Bo nie ma bólu, którego nie powinnaś oddawać"
"and there is no pleasure that you should not receive"
"I nie ma takiej przyjemności, której byście nie otrzymywali"
when the young Fisherman heard these words he trembled
gdy młody Rybak usłyszał te słowa, zadrżał
"Nay, but thou art evil"
"Nie, ale ty jesteś zły"
"you have made me forget my love"
"Sprawiłeś, że zapomniałem o mojej miłości"
"you have tempted me with temptations"
"Kusiliście mnie pokusami"
"and you have set my feet in the ways of sin"
"I postawiłeś moje nogi na drogach grzechu"
And his Soul answered him
A Dusza jego odpowiedziała mu
"you have not forgotten?"
— Nie zapomniałeś?
"you sent me into the world with no heart"
"Posłałeś mnie na świat bez serca"
"Come, let us go to another city"
"Chodźcie, chodźmy do innego miasta"
"let us make merry with the gold we have"
"Weselmy się złotem, które mamy"
But the young Fisherman took the nine purses of gold
Ale młody Rybak wziął dziewięć sakiewek ze złotem
he flung the purses of gold into the sand
Rzucił sakiewki ze złotem w piasek
and he trampled on the on the purses of gold
i podeptał sakiewki ze złotem
"Nay!" he cried to his Soul
"Nie!" zawołał do swojej Duszy

"I will have nought to do with thee"
"Nie chcę mieć z tobą nic wspólnego"
"I will not journey with thee anywhere"
"Nigdzie z tobą nie pójdę"
"I have sent thee away before"
"Przedtem cię odprawiłem"
"and I will send thee away again"
"I znowu cię odeślę"
"because thou hast brought me no good"
"Bo nie przyniosłeś mi nic dobrego"
And he turned his back to the moon
I odwrócił się plecami do księżyca
he held the little green knife in his hand
Trzymał w ręku mały zielony nóż
he strove to cut from his feet the shadow of the body
Starał się odciąć od swoich stóp cień ciała
the shadow of the body, which is the body of the Soul
cień ciała, które jest ciałem Duszy
Yet his Soul stirred not from him
Lecz jego dusza nie poruszyła się z niego
and it paid no heed to his command
i nie zważał na jego rozkazy
"The spell the Witch told thee avails no more"
"Zaklęcie, które rzuciła ci Wiedźma, już na nic się nie zda"
"I may not leave thee anymore"
"Nie mogę cię już opuścić"
"and thou can't drive me forth"
"A ty nie możesz mnie wypędzić"
"Once in his life may a man send his Soul away"
"Niech człowiek raz w życiu odeśle swoją Duszę"
"but he who receives back his Soul must keep it for ever"
"Lecz kto otrzyma z powrotem swoją duszę, musi ją zachować na wieki"
"this is his punishment and his reward"
"To jest jego kara i jego nagroda"
the young Fisherman grew pale at his fate

Młody Rybak zbladł nad swoim losem
and he clenched his hands and cried
Zacisnął ręce i zawołał
"She was a false Witch for not telling me"
"Była fałszywą czarownicą, bo mi nie powiedziała"
"Nay," answered his Soul, "she was not a false Witch"
"Nie", odpowiedziała jego Dusza, "ona nie była fałszywą czarownicą"
"but she was true to Him she worships"
"ale była wierna Temu, którego wielbi"
"and she will be his servant forever"
"I będzie jego służebnicą na wieki"
the young Fisherman knew he could not get rid of his Soul again
Młody Rybak wiedział, że nie może już pozbyć się swojej Duszy
he knew now that his soul was an evil Soul
wiedział teraz, że jego dusza jest złą duszą
and his Soul would abide with him always
a jego Dusza będzie z nim zawsze przebywać
when he knew this he fell upon the ground and wept
Gdy się o tym dowiedział, upadł na ziemię i zapłakał

The Heart
Serce

when it was day the young Fisherman rose up
gdy nastał dzień, młody Rybak wstał
he told his Soul, "I will bind my hands"
powiedział do swojej Duszy: "Zwiążę sobie ręce"
"that way I can not do thy bidding"
"W ten sposób nie mogę spełnić twego rozkazu"
"and I will close my lips"
"I zamknę usta moje"
"that way I can not speak thy words"
"W ten sposób nie mogę wypowiedzieć twoich słów"
"and I will return to the place where my love lives"
"i wrócę do miejsca, w którym mieszka moja miłość"
"to the sea will I return"
"Do morza wrócę"
"I will return to where she sung to me"
"Wrócę tam, gdzie mi śpiewała"
"and I will call to her"
"I zawołam ją"
"I will tell her the evil I have done"
"Powiem jej zło, które uczyniłem"
"and I will tell her the evil thou hast wrought on me"
"A ja jej powiem, jakie zło mi wyrządziłeś"
his Soul tempted him, "Who is thy love?"
Jego Dusza kusiła go: "Któż jest twoją miłością?"
"why should thou return to her?"
"Dlaczego miałbyś do niej wracać?"
"The world has many fairer than she is"
"Świat ma wielu piękniejszych od niej"
"There are the dancing-girls of Samaris"
"Są tańczące dziewczęta z Samaris"
"they dance the way birds dance"
"Tańczą tak, jak tańczą ptaki"
"and they dance the way beasts dance"

"I tańczą tak, jak tańczą zwierzęta"
"Their feet are painted with henna"
"Ich stopy są pomalowane henną"
"in their hands they have little copper bells"
"W rękach mają małe miedziane dzwoneczki"
"They laugh while they dance"
"Śmieją się, tańcząc"
"their laughter is as clear as the laughter of water"
"Ich śmiech jest tak czysty jak śmiech wody"
"Come with me and I will show them to thee"
"Chodź ze mną, a pokażę ci je"
"because why trouble yourself with things of sin?"
"Bo po cóż się męczyć o grzech?"
"Is that which is pleasant to eat not made to be eaten?"
"Czyż to, co przyjemne do jedzenia, nie jest stworzone do jedzenia?"
"Is there poison in that which is sweet to drink?"
"Czy jest trucizna w tym, co jest słodkie do picia?"
"Trouble not thyself, but come with me to another city"
"Nie kłopocz się, ale chodź ze mną do innego miasta"
"There is a little city with a garden of tulip-trees"
"Jest takie miasteczko z ogrodem tulipanowców"
"in its garden there are white peacocks"
"W jego ogrodzie są białe pawie"
"and there are peacocks that have blue breasts"
"A są pawie, które mają niebieskie piersi"
"Their tails are like disks of ivory"
"Ich ogony są jak krążki z kości słoniowej"
"when they spread their tails in the sun"
"gdy rozpościerają ogony na słońcu"
"And she who feeds them dances for their pleasure"
"A ta, która je karmi, tańczy dla ich przyjemności"
"and sometimes she dances on her hands"
"A czasem tańczy na rękach"
"and at other times she dances with her feet"
"A kiedy indziej tańczy nogami"

"Her eyes are coloured with stibium"
"Jej oczy są zabarwione stibium"
"her nostrils are shaped like the wings of a swallow"
"Jej nozdrza mają kształt skrzydeł jaskółki"
"and she laughs while she dances"
"I śmieje się, tańcząc"
"and the silver rings on her ankles ring"
"A srebrne pierścionki na jej kostkach pierścione"
"Don't trouble thyself any more"
"Nie zawracaj sobie głowy więcej"
"come with me to this city"
"Chodź ze mną do tego miasta"

But the young Fisherman did not answer his Soul
Ale młody Rybak nie odpowiedział swojej Duszy
he closed his lips with the seal of silence
Zamknął usta pieczęcią milczenia
and he bound his own hands with a tight cord
i związał sobie ręce ciasnym sznurem
and he journeyed back to from where he had come
i powrócił do miejsca, z którego przybył
he journeyd back to the little bay
Udał się z powrotem do małej zatoki
and he journeyed to where his love had sung for him
i udał się tam, gdzie jego miłość śpiewała dla niego
His Soul tried to tempt him along the way
Jego Dusza próbowała go kusić po drodze
but he made his Soul no answer
ale on nie dał swojej duszy żadnej odpowiedzi
and he did none of his Soul's wickedness
i nie czynił żadnej niegodziwości swojej duszy
so great was the power of the love that was within him
Tak wielka była moc miłości, która była w nim
when he reached the shore he loosened the cord
Kiedy dotarł do brzegu, poluzował sznur
and he took the seal of silence from his lips

I zdjął z ust pieczęć milczenia
he called out to the little Mermaid
zawołał do małej Syrenki
But she did not answer his call for her
Ale ona nie odpowiedziała na jego wezwanie
she did not answer, although he called all day
Nie odebrała, chociaż dzwonił cały dzień
his Soul mocked the young Fisherman
jego Dusza zadrwiła z młodego Rybaka
"you have little joy out of thy love"
"Mało masz radości z miłości swojej"
"you are pouring water into a broken vessel"
"Wlewasz wodę do rozbitego naczynia"
"you have given away what you had"
"Rozdałeś to, co miałeś"
"but nothing has been given to you in return"
"Ale nic nie dano wam w zamian"
"It would be better if you came with me"
"Byłoby lepiej, gdybyś poszedł ze mną"
"because I know where the Valley of Pleasure lies"
"bo wiem, gdzie leży Dolina Rozkoszy"
But the young Fisherman did not answer his Soul
Ale młody Rybak nie odpowiedział swojej Duszy

in a cleft of the rock he built himself a house
W rozpadlinie skalnej zbudował sobie dom
and he abode there for the space of a year
i przebywał tam przez okres jednego roku
every morning he called to the Mermaid
Każdego ranka wołał Syrenkę
and every noon he called to her again
i co południe wołał ją ponownie
and at night-time he spoke her name
a w nocy wymawiał jej imię
but she never rose out of the sea to meet him
ale nigdy nie wynurzyła się z morza, by się z nim spotkać

and he could not find her anywhere in the sea
i nie mógł jej znaleźć nigdzie w morzu
he sought for her in the caves
Szukał jej w jaskiniach
he sought for her in the green water
Szukał jej w zielonej wodzie
he sought for her in the pools of the tide
Szukał jej w kałużach przypływu
and he sought for her in the wells
i szukał jej w studniach
the wells that are at the bottom of the deep
studnie, które znajdują się na dnie głębin
his Soul didn't stop tempting him with evil
jego Dusza nie przestała kusić go złem
and it whispered terrible things to him
i szeptał mu straszne rzeczy
but his Soul could not prevail against him
ale jego dusza nie mogła go przezwyciężyć
the power of his love was too great
Moc Jego miłości była zbyt wielka

after the year was over the Soul thought within itself
po upływie roku Dusza pomyślała w sobie
"I have tempted my master with evil"
"Skusiłem mego pana złem"
"but his love is stronger than I am"
"ale jego miłość jest silniejsza ode mnie"
"I will tempt him now with good"
"Będę go teraz kusił dobrem"
"it may be that he will come with me"
"Może się zdarzyć, że pójdzie ze mną"
So he spoke to the young Fisherman
Przemówił więc do młodego Rybaka
"I have told thee of the joy of the world"
"Powiedziałem ci o radości świata"
"and thou hast turned a deaf ear to me"

"A ty byłeś głuchy na mnie"
"allow me to tell thee of the world's pain"
"Pozwól, że opowiem ci o bólu świata"
"and it may be that you will listen"
"A może się zdarzyć, że posłuchasz"
"because pain is the Lord of this world"
"Bo ból jest Panem tego świata"
"and there is no one who escapes from its net"
"I nie ma nikogo, kto by wyrwał się z jego sieci"
"There be some who lack raiment"
"Są tacy, którym brakuje odzienia"
"and there are others who lack bread"
"A są też inni, którym brakuje chleba"
"There are widows who sit in purple"
"Są wdowy, które siedzą w purpurze"
"and there are widows who sit in rags"
"Są też wdowy, które siedzą w łachmanach"
"The beggars go up and down on the roads"
"Żebracy chodzą tam i z powrotem po drogach"
"and the pockets of the beggars are empty"
"A kieszenie żebraków są puste"
"Through the streets of the cities walks famine"
"Ulicami miast kroczy głód"
"and the plague sits at their gates"
"A plaga siedzi u ich bram"
"Come, let us go forth and mend these things"
"Chodźcie, chodźmy i naprawiajmy to"
"let us make these things be different"
"Sprawmy, by te rzeczy były inne"
"why should you wait here calling to thy love?"
"Dlaczego miałbyś tu czekać, wzywając swoją miłość?"
"she will not come to your call"
"Ona nie przyjdzie na twoje wezwanie"
"And what is love?"
— A czym jest miłość?
"And why do you value it so highly?"

– A dlaczego tak wysoko go cenisz?
But the young Fisherman didn't answer his Soul
Ale młody Rybak nie odpowiedział swojej Duszy
so great was the power of his love
Tak wielka była moc Jego miłości
And every morning he called to the Mermaid
I każdego ranka wołał Syrenkę
and every noon he called to her again
i co południe wołał ją ponownie
and at night-time he spoke her name
a w nocy wymawiał jej imię
Yet never did she rise out of the sea to meet him
Nigdy jednak nie wynurzyła się z morza, by się z nim spotkać
nor in any place of the sea could he find her
ani w żadnym miejscu morza nie mógł jej znaleźć
though he sought for her in the rivers of the sea
choć szukał jej w rzekach morza
and in the valleys that are under the waves
i w dolinach, które są pod falami
in the sea that the night makes purple
w morzu, które noc czyni purpurowym
and in the sea that the dawn leaves grey
i w morzu, które świt pozostawia szarym

after the second year was over
po zakończeniu drugiego roku
the Soul spoke to the young Fisherman at night-time
Dusza przemówiła do młodego Rybaka w nocy
while he sat in the wattled house alone
podczas gdy on siedział samotnie w domu
"I have tempted thee with evil"
"Skusiłem cię złem"
"and I have tempted thee with good"
"I kusiłem cię dobrem"
"and thy love is stronger than I am"
"A miłość twoja jest silniejsza ode mnie"

- 91 -

"I will tempt thee no longer"
"Nie będę cię już dłużej kusił"
"but please, allow me to enter thy heart"
"Ale proszę, pozwól mi wejść do twego serca"
"so that I may be one with thee, as before"
"abym był jedno z Tobą, jak przedtem"
"thou mayest enter," said the young Fisherman
— Możesz wejść — rzekł młody Rybak
"because when you had no heart you must have suffered"
"Bo gdyście nie mieli serca, musielibyście cierpieć"
"Alas!" cried his Soul
"Niestety!" zawołała jego Dusza
"I can find no place of entrance"
"Nie mogę znaleźć miejsca wejścia"
"so compassed about with love is this heart of thine"
"Tak przepełnione miłością jest to serce twoje"
"I wish that I could help thee," said the young Fisherman
— Chciałbym ci pomóc — rzekł młody Rybak
while he spoke there came a great cry of mourning from the sea
Gdy to mówił, z morza dobiegł wielki krzyk żałoby
the cry that men hear when one of the Sea-folk is dead
krzyk, który ludzie słyszą, gdy jeden z Ludzi Morza jest martwy
the young Fisherman leapt up and left his house
Młody Rybak zerwał się i wyszedł z domu
and he ran down to the shore
i zbiegł na brzeg
the black waves came hurrying to the shore
Czarne fale przypłynęły do brzegu
the waves carried a burden that was whiter than silver
Fale niosły brzemię bielsze niż srebro
it was as white as the surf
Była biała jak fale
and it tossed on the waves like a flower
i miotał się na falach jak kwiat

And the surf took it from the waves
A fale zabrały go z fal
and the foam took it from the surf
a piana zabrała go z fal
and the shore received it
i brzeg go przyjął
lying at his feet was the body of the little Mermaid
U jego stóp leżało ciało małej Syrenki
She was lying dead at his feet
Leżała martwa u jego stóp
he flung himself beside her, and wept
Rzucił się obok niej i zapłakał
he kissed the cold red of her mouth
Pocałował zimną czerwień jej ust
and he stroked the wet amber of her hair
i pogładził mokry bursztyn jej włosów
he wept like someone trembling with joy
Płakał jak ktoś, kto drży z radości
in his brown arms he held her to his breast
W swoich brązowych ramionach przytulił ją do piersi
Cold were the lips, yet he kissed them
Usta były zimne, a jednak je pocałował
salty was the honey of her hair
Słony był miód jej włosów
yet he tasted it with a bitter joy
A jednak skosztował go z gorzką radością
He kissed her closed eyelids
Pocałował ją z zamkniętymi powiekami
the wild spray that lay upon her was less salty than his tears
Dzika mgiełka, która na nią spadła, była mniej słona niż jego łzy
to the dead little mermaid he made a confession
Martwej małej syrence wyznał
Into the shells of her ears he poured the harsh wine of his tale
Do muszli jej uszu wlał ostre wino swojej opowieści

He put the little hands round his neck
Położył małe rączki na szyi
and with his fingers he touched the thin reed of her throat
i palcami dotknął cienkiej trzciny jej gardła
his joy was bitter and deep
Jego radość była gorzka i głęboka
and his pain was full of a strange gladness
a ból jego był pełen dziwnej radości
The black sea came nearer
Morze Czarne było coraz bliżej
and the white foam moaned like a leper
a biała piana jęczała jak trędowaty
the sea grabbed at the shore with its white claws of foam
Morze chwyciło brzeg białymi pazurami piany
From the palace of the Sea-King came the cry of mourning again
Z pałacu Króla Mórz znów dobiegł krzyk żałoby
far out upon the sea the great Tritons could be heard
Daleko na morzu słychać było wielkie trytony
they blew hoarsely upon their horns
zadęli ochrypłym głosem w rogi
"Flee away," said his Soul
"Uciekaj" – powiedziała jego Dusza
"if the sea comes nearer it will slay thee"
"Jeśli morze się zbliży, zabije cię"
"please, let us leave, for I am afraid"
"Proszę, chodźmy, bo się boję"
"because thy heart is closed against me"
"Bo serce twoje jest przede mną zamknięte"
"out of the greatness of thy love I beg you
"Z powodu wielkości Twej miłości błagam Cię
"flee away to a place of safety"
"Uciekaj w bezpieczne miejsce"
"Surely you would not do this to me again?"
– Na pewno nie zrobiłbyś mi tego ponownie?
"do not send me into another world without a heart"

"Nie posyłaj mnie na tamten świat bez serca"
the young Fisherman did not listen to his Soul
młody Rybak nie słuchał swojej Duszy
but he spole to the little Mermaid
ale on podszedł do małej Syrenki
and he said, "Love is better than wisdom"
A on powiedział: "Miłość jest lepsza niż mądrość"
"love is more precious than riches"
"Miłość jest cenniejsza niż bogactwo"
"love fairer than the feet of the daughters of men"
"Miłość piękniejsza niż stopy córek ludzkich"
"The fires of the world cannot destroy love"
"Ogień świata nie może zniszczyć miłości"
"the waters of the sea cannot quench love"
"Wody morza nie mogą ugasić miłości"
"I called on thee at dawn"
"Wzywałem cię o świcie"
"and thou didst not come to my call"
"A tyś nie przyszedł na moje wezwanie"
"The moon heard thy name"
"Księżyc usłyszał twoje imię"
"but the moon didn't answer me"
"Ale księżyc mi nie odpowiedział"
"I left thee in order to do evil"
"Opuściłem cię, aby czynić zło"
"and I have suffered for what I've done"
"I cierpiałem za to, co uczyniłem"
"but my love for you has never left me"
"Ale moja miłość do ciebie nigdy mnie nie opuściła"
"and my love was always strong"
"A moja miłość była zawsze silna"
"nothing prevailed against my love"
"Nic nie przemogło mojej miłości"
"though I have looked upon evil"
"Choć patrzyłem na zło"
"and I have looked upon good"

"i wypatrzyłem dobro"
"now that thou are dead, I will also die with thee"
"Teraz, gdy ty umarłeś, ja też umrę z tobą"
his Soul begged him to depart
jego Dusza błagała go, aby odszedł
but he would not leave, so great was his love
Ale on nie chciał odejść, tak wielka była jego miłość
the sea came nearer to the shore
Morze zbliżało się do brzegu
and the sea sought to cover him with its waves
a morze starało się okryć go swymi falami
the young Fisherman knew that the end was at hand
Młody Rybak wiedział, że koniec jest bliski
he kissed the cold lips of the Mermaid
ucałował zimne usta Syrenki
and the heart that was within him broke
i serce, które było w nim, pękło
from the fullness of his love his heart did break
Z pełni Jego miłości pękło mu serce
the Soul found an entrance, and entered his heart
Dusza znalazła wejście i weszła do jego serca
his Soul was one with him, just like before
Jego Dusza była z nim jednością, tak jak przedtem
And the sea covered the young Fisherman with its waves
A morze zakryło swymi falami młodego Rybaka

Blessings
Błogosławieństwa

in the morning the Priest went forth to bless the sea
Rano kapłan wyszedł, aby pobłogosławić morze
because the Priest had been troubled that night
ponieważ kapłan był tej nocy zaniepokojony
the monks and the musicians went with him
Razem z nim poszli mnisi i muzycy
and the candle-bearers came with the Priest too
A niosący świece przyszli z kapłanem
and the swingers of censers came with the Priest
a wymachiwanie kadzielnicami przyszło z kapłanem
and a great company of people followed him
a wielkie grono ludzi poszło za nim
when the Priest reached the shore he saw the young Fisherman
gdy kapłan dotarł do brzegu, zobaczył młodego Rybaka
he was lying drowned in the surf
Leżał utopiony w falach
clasped in his arms was the body of the little Mermaid
W jego ramionach leżało ciało małej Syrenki
And the Priest drew back frowning
Ksiądz cofnął się, marszcząc brwi
he made the sign of the cross and exclaimed aloud:
Uczynił znak krzyża i zawołał głośno:
"I will not bless the sea, nor anything that is in it"
"Nie będę błogosławił morza ani niczego, co się w nim znajduje"
"Accursed be the Sea-folk and those who traffic with them"
"Niech będzie przeklęty lud morza i ci, którzy z nim handlują"
"And as for the young Fisherman;"
— A co się tyczy młodego rybaka;
"he forsook God for the sake of love"
"porzucił Boga ze względu na miłość"
"and now he lays here with his lover"

"A teraz leży tu ze swoją kochanką"
"he was slain by God's judgement"
"został zabity na sądzie Bożym"
"take up his body and the body of his lover"
"Weź ciało jego i ciało jego kochanka"
"bury them in the corner of the Field"
"pochowaj ich w kącie pola"
"let no mark of why they were be set above them"
"Niech żaden znak tego, dlaczego się znajdowali, nie będzie wyniesiony ponad nich"
"don't give them any sign of any kind"
"Nie dawaj im żadnego znaku"
"none shall know the place of their resting"
"Nikt nie pozna miejsca swego spoczynku"
"because they were accursed in their lives"
"bo byli przeklęci za życia"
"and they shall be accursed in their deaths"
"i będą przeklęci w śmierci swojej"
And the people did as he commanded them
A lud uczynił tak, jak mu nakazał
in the corner of the field where no sweet herbs grew
w kącie pola, gdzie nie rosły słodkie zioła
they dug a deep pit for their graves
Wykopali głęboki dół na ich groby
and they laid the dead things within the pit
i włożyli martwe rzeczy do dołu

when the third year was over
kiedy skończył się trzeci rok
on a day that was a holy day
w dniu, który był dniem świętym
the Priest went up to the chapel
Ksiądz udał się do kaplicy
he went to show the people the wounds of the Lord
poszedł, aby pokazać ludziom rany Pana
and he spoke to them about the wrath of God

i mówił im o gniewie Bożym
he bowed himself before the altar
Pokłonił się przed ołtarzem
he saw the altar was covered with strange flowers
Zobaczył, że ołtarz był pokryty dziwnymi kwiatami
flowers that he had never seen before
kwiaty, których nigdy wcześniej nie widział
they were strange to look at
Dziwnie się na nie patrzyło
but they had an interesting kind beauty
ale miały ciekawą piękność
their beauty troubled him in a strange way
Ich piękno niepokoiło go w dziwny sposób
their odour was sweet in his nostrils
Ich zapach był słodki w jego nozdrzach
he felt glad, but he did not understand why
Czuł się szczęśliwy, ale nie rozumiał dlaczego
he began to speak to the people
Zaczął przemawiać do ludu
he wanted to speak to them about the wrath of God
chciał z nimi mówić o gniewie Bożym
but the beauty of the white flowers troubled him
ale piękno białych kwiatów niepokoiło go
and their odour was sweet in his nostrils
a ich zapach był słodki w jego nozdrzach
and another word came onto his lip
i kolejne słowo cisnęło mu się na usta
he did not speak about the wrath of God
nie mówił o gniewie Bożym
but he spoke of the God whose name is Love
ale mówił o Bogu, którego imię brzmi Miłość
he did not know why he spoke of this
Nie wiedział, dlaczego o tym mówi
when he had finished the people wept
Gdy skończył, lud zapłakał
the Priest went back to the sacristy

Ksiądz wrócił do zakrystii
and his eyes too were full of tears
Oczy jego były pełne łez
the deacons came in and began to unrobe him
Weszli diakoni i zaczęli Go zdejmować
And he stood as if he was in a dream
I stał jak we śnie
"What are the flowers that stand on the altar?"
"Co to za kwiaty, które stoją na ołtarzu?"
"where did they come from?"
– Skąd się wzięły?
And they answered him
A oni mu odpowiedzieli
"What flowers they are we cannot tell"
"Co to za kwiaty, nie potrafimy powiedzieć"
"but they come from the corner of the field"
"Ale oni przychodzą z rogu pola"
the Priest trembled at what he heard
Ksiądz zadrżał na to, co usłyszał
and he returned to his house and prayed
Wrócił więc do domu swego i modlił się

in the morning, while it was still dawn
rano, gdy był jeszcze świt
the priest went forth with the monks
Kapłan wyszedł z mnichami
he went forth with the musicians
Poszedł z muzykami
the candle-bearers and the swingers of censers
Świeczni i kołyszący kadzielnicami
and he had a great company of people
i miał wspaniałe towarzystwo ludzi
and he came to the shore of the sea
I doszedł do brzegu morza
he showed them how he blessed the sea
Pokazał im, jak pobłogosławił morze

and he blessed all the wild things that are in it
i pobłogosławił wszystkie dzikie stworzenia, które się w nim znajdują
he also blessed the fauns
Pobłogosławił także fauny
and he blessed the little things that dance in the woodland
i pobłogosławił małe stworzenia, które tańczą w lesie
and he blessed the bright-eyed things that peer through the leaves
i pobłogosławił jasnookie istoty, które spoglądają przez liście
he blessed all the things in God's world
błogosławił wszystko, co jest w Bożym świecie
and the people were filled with joy and wonder
A lud był pełen radości i zdumienia
but flowers never grew again in the corner of the field
ale kwiaty nigdy już nie wyrosły w kącie pola
and the Sea-folk never came into the bay again
a Lud Morza nigdy więcej nie wpłynął do zatoki
because they had gone to another part of the sea
ponieważ przeszli w inną stronę morza

The End
Koniec

www.ingramcontent.com/pod-product-compliance
Lightning Source LLC
Chambersburg PA
CBHW011952090526
44591CB00020B/2742